Hajjar Gibran
Der Prophet kehrt zurück

HAJJAR GIBRAN

Der Prophet
kehrt zurück

Aus dem Amerikanischen
von Hans Christian Meiser

Allegria

Die Originalausgabe erschien 2008 unter dem Titel
THE RETURN OF THE PROPHET
im Verlag Simon & Schuster, NY, USA

Allegria ist ein Verlag der Ullstein Buchverlage GmbH
Herausgeber: Michael Görden

ISBN 978-3-7934-2148-1

© der deutschen Ausgabe 2009 by Ullstein
Buchverlage GmbH, Berlin
© der Originalausgabe 2008 by Hajjar Gibran
Übersetzung: Dr. Hans Christian Meiser
Lektorat: Marita Böhm
Umschlaggestaltung: FranklDesign, München
Titelabbildung: Ackermann/Frankl
Gesetzt aus der Garamond
Satz: Keller & Keller GbR
Druck und Bindearbeiten: CPI - Clausen & Bosse, Leck
Printed in Germany

Ich widme dieses Buch meiner Mutter,
von der ich die Gibran-Linie ererbte.

Und meiner Familie, meinen Freunden
und Lehrern, die mich durch die
Wolken des Zweifels führten, auf dass
ich die Saat der Liebe säen möge.

Am meisten aber sei es dir gewidmet,
der du den Geist von Khalils Propheten
schätzt und ihm in deinem Herzen
eine Heimstatt bereitest, zu der er stets
zurückkehren kann.

INHALT

DAS VERSPRECHEN

Wenn meine Stimme in euren Ohren verklingt und meine Liebe in eurer Erinnerung schwindet, dann werde ich wiederkehren.

Und ich werde mit einem reicheren Herzen sprechen und mit Lippen, die dem Geist noch williger folgen wollen.

Ja, ich werde wiederkehren mit der Flut.

Wenn etwas von dem, was ich sagte, wahr ist, dann wird diese Wahrheit sich mit klarerer Stimme offenbaren und mit Worten, die euren Gedanken vertrauter sind.

Und ist dieser Tag nicht die Erfüllung eurer Wünsche und meiner Liebe, dann lasst ihn eine Verheißung für einen anderen Tag sein.

Wisset deshalb, dass ich aus dem größeren Schweigen zurückkehren werde.

Nur eine kleine Weile, ein Augenblick der Ruhe auf dem Wind, und eine andere Frau wird mich wieder gebären.

Khalil Gibran, aus dem
letzten Kapitel von »Der Prophet«

EINFÜHRUNG

*A*ls mein Bruder starb, weinte mein Vater; ich aber verstummte für mehrere Jahre. In der Folgezeit gelang es meiner Mutter, in mein schlafloses Koma vorzudringen und mir eine Ausgabe von *Der Prophet* auf das Kopfkissen zu legen.

Ich öffnete das Buch und las die ersten Worte: *Almustafa, der Auserwählte und Geliebte, der seinerzeit eine Morgenröte war …*

Ich vermochte weder den Namen *Almustafa* richtig auszusprechen noch verstand ich den Sinn der Worte, die folgten. Ich legte das Buch zur Seite und vergaß es.

Doch lasst mich euch erzählen, wie alles begann.

Ich hatte einen Bruder, Gary, und er war mein Held. Da ich ein Jahr jünger war als er, blieb ich stets einen Schritt hinter ihm zurück. Gemeinsam hüpften wir Hand in Hand über die Holzbohlen durch den Gemüsegarten, der an das Grundstück unserer Großeltern grenzte. Unser Weg endete in einem verzauberten Wald voller Vögel und Eichhörnchen. Wir bauten wehrhafte Festungen und fuhren mit einer Planierraupe in das dichte Unterholz. Den Schnüren von zwei Drachen gleich, die im Sommerwind in die Höhe steigen, bildeten unsere Lebenslinien eine unauflösliche Einheit.

Doch mein Bruder war auch mein bester Rivale. Oft rangen wir miteinander, und obwohl Gary wesentlich stärker war, verletzte er mich nie. Stets ließ er mir genügend Spielraum. Wenn ich mich mit aller Kraft, die mir zur Verfügung stand, auf ihn stürzte, erlaubte er es mir mit endloser Geduld, bis an meine Grenzen zu gehen. In seiner sanften Stärke fühlte ich mich äußerst sicher.

Als wir heranwuchsen und die Suche nach der Mannwerdung teilten, waren wir unzertrennlich. Aber ich war eifersüchtig, als Gary von unserem Vater gezeigt bekam, wie man mit einem Gewehr umgeht. Ich ahnte damals nicht, dass dies unser Verderben sein würde.

Als wir mit einem Freund bei der Hasenjagd waren, rutschte Gary auf einer vereisten Stelle aus; sein Gewehr fiel zu Boden, ein Schuss löste sich. Er traf ihn mitten ins Herz. In diesem unvorstellbaren Augenblick war sein Leben beendet.

Ohne meinen Bruder erschien mir alles bedeutungslos. Unsere Familie stand unter Schock, doch ich bemerkte dies kaum; der seelische Schmerz war zu groß für mich, um ihn überhaupt zu spüren. Ich war wie benommen, unfähig zu sprechen oder zu schreiben. Zu Hause zog ich es vor, mich in jenes Zimmer, das wir miteinander geteilt hatten, zu verkriechen, auch wenn es nun einem Friedhof voll von lebendigen Erinnerungen glich.

In unserem Stockbett hatte ich unten gelegen und mit meinen Füßen nach oben getreten. Wenn ich Gary zu sehr stupste, sprang er lachend aus dem Bett, rang mit mir auf dem Boden und quälte mich mit Kitzelattacken. Jetzt liege ich in meiner Koje und starre nach oben, wo die Schwere seiner Abwesenheit die Matratze nach unten beult.

Ich blickte niemandem mehr in die Augen, denn ich fürchtete, man könne meine Verzweiflung sehen. Und auch wenn ich kaum sprach, bemühte ich mich, beschäftigt zu sein, um den Schmerz zu verdrängen. Ich träumte von vielen Mädchen und schnellen Autos, und es schien, als würde beides mir nichts als Ärger bringen. Ich umgab mich mit falschen Freunden und führte ein Leben voll von Hochmut, Rennwagen und Alkoholexzessen.

Inmitten dieses chaotischen Lebens zu meiner Gymnasialzeit ereignete sich während des Psychologieunterrichts etwas Sonderbares. In einer geführten Visualisierung hatte ich eine deutliche Vision: An einem schönen Sommertag fuhr ich durch sanften Regen, als die Straße plötzlich eine scharfe Biegung machte und mein Wagen wie in Zeitlupe im Graben landete. Ich wurde in einen Wald voll toter Bäume geschleudert. Ich hörte noch, wie Glas zerschlug und jemand vor Schmerzen schrie – dann wurde es dunkel. Im nächsten Augenblick stand ich auf der Straße und sah, wie

Rauch aus meinem Autowrack aufstieg, der sich über das zersplitterte Holz und die zerstörten Büsche legte. Wie ein Schleier erschien die Gestalt eines Mannes und betrachtete meinen toten Körper. Gary? Ich trat näher. Nein, dieser Mann war wesentlich älter und trug einen Schnurrbart. Er wandte sich mir zu und meine Augen waren in seinem alles durchdringenden Blick gefangen.

Dieses Erlebnis war quälend real. Ich wusste nicht, wer dieser Mann war, doch sein Gesicht kam mir sonderbar bekannt vor. War dies eine Vorahnung? Würde ich bald sterben? Ich wusste, dass mein Leben außer Kontrolle geraten war, und auch wenn ich eine Veränderung wollte, so war ich doch zu schwach, sie herbeizuführen.

Nach dem Alkohol wandte ich mich den Drogen zu und – einer verlorenen Seele gleich, für die niemand betet – gab mich der Selbstzerstörung hin.

Eines Nachts prügelte ich mich voller Eifersucht mit einem anderen Jungen, an den ich meine Freundin verloren hatte, und fand mich im Gefängnis wieder. In der fensterlosen Zelle saß ich mit gesenktem Haupt auf dem Rahmen meines stahlkalten Bettes und starrte auf das Abflussloch in der Mitte des Bodens.

Ich war auf einem LSD-Trip. Die gesamte Zelle schwankte wie ein Schiff, das von einem Zyklon hin und her geworfen wird. Ich schloss die Augen, um dieser Situation zu entkommen, doch mein Inneres glich einem Whirlpool, der mich in einen dunklen Abgrund zog. Dann fand ich mich zusammengekrümmt mit stechendem Schmerz in der Magengegend auf dem Boden wieder. Ich schleppte mich zur Toilette und zog mich unter Krämpfen hoch. Vollkommen erschöpft fiel ich auf den Boden zurück und starrte zur Decke.

Als ich allmählich begann, das Bewusstsein zu verlieren, nahm ich über mir die Silhouette eines schnurrbärtigen Mannes wahr, den ein sonderbares Licht umhüllte. »Wer bist du? Was möchtest du?«, flüsterte ich. Jede Zelle meines Körpers schmerzte mich. Und wie von weit her sagte eine Stimme:

Komm zu mir.

In diesem Augenblick spürte ich, wie meine Seele aus dem oberen Teil meines Kopfes gezogen wurde. Sie löste sich in einem hellen Licht auf, und ich dachte, ich würde sterben, während ich ohnmächtig zu werden begann.

Ich erwachte vom Klang schwerer Schlüssel im Schloss der Zelle. Das Tor des Käfigs öffnete sich und ein Beamter befahl: »Steh auf, deine Eltern sind hier.«

Ich löste mich vom Zementboden und versuchte aufzustehen, doch in meinem Kopf drehte sich alles. Dann verlor ich das Gleichgewicht, schlug gegen die Wand und fiel auf das Bettgestell. Meine rechte Hand war geschwollen, und sie blutete, da ich mir die Knöchel aufgeschlagen hatte. Meine Kleidung war verschmutzt und voll von getrocknetem Erbrochenem. Ich zögerte aufzustehen, aus Furcht, meine Eltern könnten mich in diesem Zustand sehen.

Doch dann erhob ich mich, ignorierte mein Äußeres und folgte dem Wächter in das Wartezimmer. Meine Mutter schnappte nach Luft, als sie mich sah. Mein Vater legte seinen Arm um sie und sagte mit kalter Stimme: »Komm, mein Sohn. Lass uns nach Hause gehen.«

Auf dem Rückweg fluchte er voller Ärger und fragte: »Was zum Teufel machst du mit deinem Leben?«

Ich ließ den Kopf voller Scham hängen und sagte nichts.

Zu Hause angelangt, wusch ich mich, ging geradewegs in mein Zimmer und schloss die Tür hinter mir. In meinem Kopf hämmerte es, meine Kehle war wund und jeder Muskel meines Körpers schmerzte. Ich warf mich mit dem Gesicht nach unten auf mein Bett und vergrub mich, um dem Tageslicht zu entgehen, in jener Ecke, in der die Matratze an die Wand grenzte.

Stunden später kam meine Mutter, setzte sich zu mir, legte ihre Hand auf meinen Rücken und sagte: »Das Abendessen ist fertig.« Ich drehte mich ein wenig um und sah, dass der Sonnenuntergang mein Zimmer orangerot gefärbt hatte. Eine Antwort gab ich nicht. »Du weißt, dass es nicht zu spät ist«, sagte meine Mutter. »Du kannst deinem Leben eine andere Richtung geben. Ist es nicht Zeit, dass du den Unterschied zwischen richtig und falsch lernst?«

Sie strich mir über das Haar, wie sie es getan hatte, als ich ein Kind war. »Richtig oder falsch, du hast die Wahl, mein Kind«, flüsterte sie. »Es ist nicht zu spät.« Sie verstand nichts. Seit Gary gestorben war, gab ich keinen Pfifferling auf mein Leben.

Meine Mutter seufzte und erhob sich. Ich hörte, wie sie in meinem Bücherregal wühlte. Dann setzte sie sich wieder zu mir und las mir laut vor, doch ich konnte sie nicht verstehen, wegen der wehklagenden Trompeten in meinem Kopf. Sie hörte zu lesen auf und saß einige Minuten still da. Dann ging sie.

Als ich mich wieder umdrehte, um das Schwinden des Sonnenlichts zu betrachten, fiel das Buch, aus dem sie gelesen hatte, zu Boden. Ich sah seinen Schutzumschlag und dachte an eine Halluzination. Dort war genau das Gesicht des Mannes abgebildet, den ich sowohl bei meiner Vision auf der Straße als auch im Gefängnis gesehen hatte. Ich schlug das Buch auf und las:

... könntet ihr im Herzen das Staunen über die
täglichen Wunder des Lebens bewahren, würde
der Schmerz euch nicht weniger wundersam
scheinen als eure Freude.

Ich schloss das Buch und blickte verwirrt erneut
auf das Porträt des Mannes mit dem Schnurrbart.
Etwas Unbekanntes kroch meine Wirbelsäule empor und mein ganzer Körper spürte das Stechen
von Dornen und Nadeln. Ich richtete mich auf,
doch ich war zu benommen, um den Sinn all dessen zu erkennen. Wieder öffnete ich das Buch und
meine Augen fielen auf folgende Zeile:

... so wie die Liebe euch krönt, so kreuzigt sie
euch.

Diese Worte berührten mich tief in meinem Herzen. Mit dem Buch in der Hand ging ich in die
Küche.

»Wer ist dieser Mann, Mama?«

»Dein Großonkel Khalil«, antwortete sie. »Du
solltest sein Buch lesen; es ist wunderschön.«

Ich nahm mir etwas vom Abendbrot mit und
ging mit dem Buch *Der Prophet* in mein Zimmer
zurück. Nachdem ich die Tür hinter mir geschlossen hatte, blätterte ich in dem Buch und las die
Zeilen nach dem Zufallsprinzip, bis es dunkelte.

Draußen heulte der Wind. Ein mächtiger Blitz erleuchtete den Himmel, gefolgt von einem gewaltigen Donnerschlag, der das Haus erschütterte. Dann fing es wie aus Kübeln zu schütten an. Ich beobachtete, wie sich der Regen auf dem Fensterrahmen sammelte, um schließlich die Glasscheibe hinabzurinnen. Meine Augen waren geschwollen und ich ließ den Sturm in mir losbrechen. Zum ersten Mal seit Garys Tod öffnete ich mein Herz und weinte.

Und während ich weinte, betete ich; ich betete zu Gary, zu Gott und zu dem geheimnisvollen Mann mit dem Schnurrbart. Ein mystisches Licht erfüllte den Raum – und was sich dann ereignete, sollte mich für immer verändern.

Von diesem Augenblick an hörte ich nicht mehr zu beten auf. Ich betete auf dem Gipfel der Berge, in der Dunkelheit, wenn ich mir verloren vorkam, und wann immer ein neuer Tag anbrach.

Dieses Buch ist ein Teil der Geschichte, wie meine Gebete durch eine Reihe prophetischer Vorfälle beantwortet wurden, die mir das verborgene Geheimnis meines Lebens zeigten.

Gestern, als es dunkelte, versuchte ich, ein für alle Mal dem Mysterium meines Daseins einen Sinn zu geben. Ich hielt mein Leben für nichts als ein Flattern auf der Flamme der Ewigkeit und mich selbst für ein Staubkorn, emporgehoben von mitfühlenden Winden, welche die unendlichen Sphären durchschweben. Heute bin ich durch die unmittelbare Erfahrung einer unsichtbaren Gegenwart beglückt, die auf irgendeine Weise meine Bedürfnisse besser kennt, als ich es mir je eingestanden hätte.

Viele Jahre lang signalisierte mir mein Inneres, meinem spirituellen Ruf zu folgen, doch ich bezweifelte die Wahrheit, die ich hätte realisieren sollen, und litt unter meinem Zweifel. Ich glich einem Verwundeten, der von Liebe träumt, doch noch nicht bereit ist, der zu sein, der zu werden er erfleht.

Nun wurde dieser Traum größer, und er formte den Kern meines Lebens und erschütterte die Grundfeste dessen, von dem ich glaubte, er sei ich.

Während ich meines Wachsens nicht gewahr wurde und die Verwirrung meines Daseins beklagte, überkam mich eine Freude schöner als Musik und größer als jedes Lachen. Der, welcher betete, wurde von der reinen Unermesslichkeit dessen berührt, der antwortete.

Letztlich führte mich meine spirituelle Suche zum Grab meines Großonkels hoch in den Bergen des Libanon. Als ich die Stille des Klosters, in dem Khalils Körper ruht, erfuhr, überkam mich das Gefühl, heimgekommen zu sein. Danach, als ich durch die Straßen des nahen Ortes Besharré ging, fand ich unerklärliche Indizien dafür, dass ich früher einmal hier gelebt haben musste.

Später, als ich die Erfahrungen meines wüsten Lebens niederschreiben wollte, wurde meine Hand von einer unsichtbaren, doch vertrauten Gegenwart geführt.

Ich wurde Zeuge, wie die Worte ohne Mühe aus meinen tiefsten Gefühlen flossen, doch in einer Sprache, die nicht die meine war. Und sogar jetzt noch sitze ich wie verzaubert da, während mein Stift mit der leichten Anmut eines Engels dahingleitet.

Vieles von dem, was mir enthüllt worden ist, hat die Gestalt von tiefen und zugleich sehr feinsinnigen Eindrücken. Voller Ehrfurcht gebe ich auf diesen Seiten jene Gedanken wieder, welche die Offenbarungen meines Herzens bekunden.

Ich teile meine Geschichte mit euch, weil ich der Überzeugung bin, dass es auch eure Geschichte ist. Der Prophet verkörpert den Geist, der in einem jeden von uns wohnt. Ich bete, dass mein Buch uns dabei hilft, zu unserer gemeinsamen Spiritualität zu erwachen. In Liebe vereint sind wir göttlich.

Mit großer Freude offeriere ich euch meine Parabel des spirituellen Erwachens, das auf meiner eigenen Reise zum Licht hin basiert. Möge dieses Buch eine Feier der Liebe in eurem Herzen entfachen.

DÄMMERUNG

*A*us schlaflosem Traum inmitten der endlosen See der Stille erwacht, schüttelte der Liebe Gnade den Staub der Zeiten ab und suchte nach einer neuen Wohnstatt in einem anderen Körper.

Die Mühen der vergangenen Jahre entschwanden dem Gedächtnis und verloren sich im Wiedererwachen meiner Unschuld.

Ich wurde im Zwielicht der Schatten erneut geboren – in einer Welt, die mit sich selbst im Krieg lag.

Ich ahnte nicht, dass nach einer dunklen Nacht des menschlichen Geschicks die Bühne für den Beginn einer neuen Dämmerung bereitet war.

Denn zu dieser Zeit war ich eins mit jener Welt, in der das Leben immer jung ist und der Tag stets rein und neu.

Mein Herz glich der Freude, die singen wollte, und dem Fluss, der bereit war, seine Wasser zu vergießen.

Voller Liebe sagten meine Eltern: Auch wenn ich Fleisch von ihrem Fleisch sei, so käme meine Seele doch aus einem stillen Verlangen des Herzens der Ewigkeit.

Viele gab es, die mich liebten und von dem Licht sprachen, das sie in meinen Augen erblickten.

Doch kaum halb erwacht, war meine Unschuld in einem Labyrinth von Ängsten und Hoffnungen gefangen. Und ich kämpfte mit meinem Schatten, während die Stunden, Tage und Wochen sich ihren Weg durch meine Jugend brannten.

Inmitten einer rauen Wirklichkeit rang ich mit mir, um Frieden zu finden.

Meine Seele war nichts als das Echo des unaufhörlichen Schreiens der menschlichen Seele.

Der vielen Unterdrückten wegen, die unter dem Joch versteinerter Herzen leiden, der ungezählten Kinder wegen, die auf verstopften Straßen vertrieben, verloren und vergessen werden, des dumpfsinnigen Geschwätzes scheinheiliger Kriegsherren wegen, die Anschläge aus gottesfürchtiger Vergeltungssucht ausführen, dabei Unschuldige verstümmeln und ihre Opfer vor Entsetzen schreiend zurücklassen, scharrten die Albträume in den schwarz gewordenen Himmeln mit ihren Hufen, während ich mich aus Furcht vor schlechten Zeiten verkroch.

Ungerechten Autoritäten misstrauend, verschloss ich mich einer höheren Macht.

Diese Verneinung lebte in meiner Seele fort, als düstere Geister mein inneres Licht verdunkelten, und ich litt still vor mich hin, im Bewusstsein um meine verlorene Freude.

Ich hungerte nach Liebe und war durstig nach Weisheit. Ich verlangte nach Freiheit und nach der Kraft, im Ruhme eines höheren Schicksals zu stehen.

Und wie eine Armee, die in einen Hinterhalt geraten ist, musste ich die Umhüllung meiner Unbewusstheit durchbrechen.

Als meine Jugend zu Ende ging, wuchs die Pein meines Herzens umgehend.

Seit meiner Geburt sonnte ich mich in der wärmenden Liebe meines älteren Bruders. An jenem tragischen Tag, an dem er starb, fiel ich in einen dunklen Abgrund.

In einem Trichter zurückgehaltener Tränen und von Ängsten gepeinigt, gelangte ich immer tiefer in eine dunkle Unterwelt – sang- und klanglos – erledigt.

Ich hatte die Hoffnung aufgegeben und erstickte unter dem Gewicht der Trauer; mein Magen krümmte sich vor Schmerzen, wegen all der Gefühle, die ihn fast zum Bersten brachten. Die stumme Pein in meiner Seele kämpfte gegen die quälenden Trompetenstöße der Wut, des Entsetzens und des Schmerzes an.

Meine Qual trug ich wie einen schmutzigen Mantel durch die Kerker der Verweigerung, bis ich schließlich gegen die Spiegelwände im Saal meines Entsetzens stieß.

Kein Fenster zur Schönheit tat sich in diesem Höllenloch auf, es gab nur einen Abfluss in der

Mitte des Bodens, der zu einer Kloake führte –
und ich stieg hinab. Wie ein Senkblei fiel ich in
einen Abgrund des Elends, aus dem es kein Zurück gab. Ich konnte mich nur im Kreis drehen.

Unfähig, diesen Schmerz zu ertragen, lösten
sich die letzten Fasern meines zerbrechlichen
Selbst und es öffneten sich die Schleusen.

In einem Tsunami ertrinkend, schrie ich im
Gebet dem Hüter meiner Seele zu:

»Hilf mir, bitte. Hülle deinen Trost um mich,
erlöse mich von dieser Pein und halte mich in deiner Umarmung fest. Bade mich in deinem Licht
und lass mich in deiner Liebe ruhen.«

Durch den Schleier meiner Tränen hindurch
nahm ich plötzlich ein strahlendes Licht wahr,
das sich im Raum ausbreitete und sich in Wärme
hüllte.

Wie hypnotisiert wandte ich mich ihm zu und
vernahm das zarte Flüstern einer Engelsstimme:

Die Quelle der Liebe, die deinen Garten mit
Wasser versorgt, füllt sich von Zeit zu Zeit mit
deinen Tränen.

Und das ist gut so, denn kein Wasser ist reiner als diese kostbaren Tropfen, die sich bilden,
sobald du dich ganz deinem Schicksal hingibst.

Tränen sind die Samen der Freude, die der
Arzt deiner Seele für dein Wohlbefinden ver-
gießt.

Du magst seine Medizin verwünschen, doch in deinen Tränen liegt die Heilung von deinem Schmerz.

Weine, bis die Samen der Freude in der Tiefe deiner Seele Wurzeln fassen.

Danke dem Kummer, denn er besänftigt das Harte, das dein beraubtes Herz umschließt. Gib dich dem Schmerz hin, denn du musst deine Rüstung ablegen, um die Kraft deiner Unschuld zu zeigen.

Ich wünschte, du fändest deine Unschuld in der Freude und nicht im Schmerz, doch welche Freude wäre das, die nicht den Kummer kennt?

Wahrlich, Schmerz ist unumgänglich.

So wie deine Bedürfnisse vergehen, wird dich die Freude mit reiner Wonne in Liebe heimführen. Habe Geduld, denn die Zeit weiß, wie sie den Tränen Flügel verleiht.

Dein Schmerz ist dein Verlangen nach Liebe. Ich bin die Liebe, derer du bedarfst.

Trinke vom lebensnotwendigen Elixier meines Quells, auf dass dein Herz eines Tages selbst zum Brunnen wird, aus dem all diejenigen ihren Durst stillen mögen, deren Liebesträume gestorben sind.

Erstaunt rieb ich mir die Augen und blinzelte in das blendende Licht; da sah ich ein Traumgebilde vor mir stehen.

Ich erschrak, doch sprach ich, wie um mich zu verteidigen: »Mein Herz wird gequält und ich ertrinke im Kummer. Wer bist du, dass du von Liebe sprichst, jetzt, da ich untröstlich bin?«

Der Bote der Liebe erwiderte:

Auch wenn man mich bei vielen Namen nennt, so bin ich doch namenlos und ohne Gestalt; ich erscheine stets in einer Weise, die dich zu mir zieht.

Ich bin der Geist, der im Herzen aller Wesen pocht. Und wie der Same in der Frucht, sind in mir die Geheimnisse des Lebens noch vor der Schöpfungsdämmerung geborgen.

Dein Schmerz ist das Aufplatzen des Samens, der dein größeres Selbst beherbergt.

Im Streit erweiterst du die Grenzen deines Seins.

Wie ein Schmetterling, der sich hin und her windet und die Beschränkung seines Kokons überwindet, um frei fliegen zu können, gleicht deine Reise der Wandlung deiner Seele.

Von den Überlebensinstinkten der frühen Menschheit wirst du wieder und wieder geboren, damit du dich schließlich auf den erleuchteten Schwingen der Liebe erheben kannst.

Ich kenne dich seit Äonen von Wiedergeburten, so wie du die Jahreszeiten deiner Empfindungen kennst.

Als die Erscheinung allmählich sichtbarer wurde, spürte ich die Gegenwart meines Bruders, doch ich erkannte die Umrisse eines Mannes, den ich in meinen Träumen gesehen hatte.

Er führte seine Rede fort:

Ich bin gekommen, um dich durch diese Nacht der Qual zu führen, auf dass du einen Blick hinter den Schleier deines umwölkten Geistes und deines beunruhigten Herzens werfen kannst.

Auch wenn dein Bruder nicht mehr da ist, so lebt doch sein Geist weiter, an das Zeitlose gefesselt.

Die Liebe, die du mit ihm teilst, ist unverwundbar im Hinblick auf die Veränderungen der Gezeiten und jedweder Form.

Du und er – ihr dauert gemeinsam in einer unsichtbaren Gegend fort, wo ihr beide Kenntnis habt von Dingen, die ihr hier nicht wissen könnt. Und so, wie du aus dem grenzenlosen Reich des himmlischen Lichts kamst, wird auch er eines Tages wiederkehren.

Die klaffende Wunde in deinem Herzen ist das Eingangstor zu deinem höheren Schicksal, auch wenn dein Schmerz seinen Schatten über den Glanz des Vermächtnisses legt, das er dir hinterließ.

Du bist hier, um diese Welt, die im Sumpf versinkt, in das Licht der Liebe zu tauchen.

Wenn du diesen kummervollen Weg gehst, wirst du einst die ganze Menschheit als deinen Bruder ansehen.

Deine Liebe zu ihm ist nur ein kleiner Teil der unermesslichen Liebe, die noch unerweckt in dir schlummert.

Und in dieser deiner dunkelsten Stunde bist du dem Tor zur Liebe am nächsten.

Wenn alles verloren scheint, gerade dann vermagst du den unvorstellbaren Schatz zu finden.

Wie könntest du deinen eigenen Glanz erkennen, außer in einer Welt, die dir weniger anbietet, als du zum Sein brauchst?

Dein Licht wird von der Dunkelheit enthüllt, und diese wird von ihm vertrieben.

GLAUBE

*B*evor mir das Licht erschien, blickte ich nicht weiter als bis zum Horizont der Nahrungsaufnahme. Nun sehne ich mich nach den Gaben der Felder, die kein Ende kennen.

Ehe die Weisheit meine Wunden linderte, suchte ich Trost in der Zuneigung meiner Gefährten und am Busen meiner Familie, doch fand ich keine Erfüllung für meine unbestimmten Bedürfnisse.

Bevor der Prophet persönlich zu mir sprach, überließ ich mich dem Schicksal als Pfand.

Ich dachte, Gott sei der unbekannte König auf einem unerreichbaren Thron – eine mächtige Einbildung, zu der ich beten konnte, um den Durst zu stillen, doch dann in der Stille nur aus einem schwachen Rinnsal der Hoffnung zu trinken.

Eine Zeit lang schenkte ich den religiösen Mythen, die generationenlang wieder und wieder erzählt wurden, Glauben. Ich studierte die ehrwürdigen Bücher, betete in Kirchen, kniete in Tempeln und warf mich vor die Altäre.

Doch nun konnte ich nicht länger mit solchen Glaubensformen zufrieden sein.

Ich wollte die formlose Materie berühren und mit Bereichen kommunizieren, die immer noch verborgen waren.

Auf meiner Suche nach dem Glauben traf ich viele, die auf kein Lied mehr hörten als auf ihren eigenen Lobgesang. Stolz standen sie da und trugen ihren Glauben wie Hemden aus feinem Leinen. Ich sah ihre nackte Verwundbarkeit, die sich an Grundsätzen festhielt wie ein verängstigtes Kind, das sich an seine Mutter klammert und nach Trost und Stärke verlangt. Doch sie verbargen ihre Kraft vor sich selbst und ließen ein schlechteres Opfer als ihren Trost gelten, denn ihre Überzeugungen machten das, was mehr als menschlich in uns ist, stumm.

Wir waren von Glaubensüberzeugungen zu sehr überhäuft, um den stillen Ruf des gesegneten Boten zu vernehmen.

Auf diese sonderbare Weise begann ich vom Leben zu lernen.

Vom Zweifelnden lernte ich zu glauben, vom Drohenden ehrbar zu sein, vom Grausamen Mitgefühl zu verspüren und Dankbarkeit von all diesen zusammen.

Wenn ich durch die Augen des Allerhöchsten blickte, sah ich, dass ich mit ihnen allen eins war. Ein jeder trug zu meiner Verzückung bei, so wie ein jeder Stern dabei hilft, das große Geheimnis des Himmels zu erleuchten.

Ich traf einige wenige Heilige, deren Religion ein bescheidenes Licht war, das so klar leuchtete wie ein jeder Stern am Firmament.

Sie sprachen nicht von Denkweisen; lieber führten sie mich zu meinem inneren Heiligtum, um mich dem namenlosen Einen mitzuteilen.

Dieser Geist, der sich mir offenbarte, umarmt alle Wesen – Gläubige wie Ungläubige. Er ist einem gewaltigen Lichtstrahl gleich, der jeden durchdringt und alles, was es je gab, sowie das, was je sein wird, umschließt.

In diesem tiefen Meer des Geheimnisses betete ich um etwas, das meinem Glauben Gewissheit geben konnte. Der Prophet sprach:

Es mag dir Trost bieten, im geheiligten Glauben deiner Wahl Zuflucht zu finden.

Doch suchst du weder das Geheimnisvolle deinem Maßstab gemäß zu beschreiben noch seine Wege nach deiner Auslegung.

Ich möchte, dass du die Überzeugungen deines Glaubens so unbeschwert hältst wie die Gedanken, aus denen sie bestehen.

Lass deine religiösen Grundsätze im Regal der Geschichte. Sie sind das verklingende Echo der Ahnen, die lange nach deiner Geburt kamen.

Und du wirst bleiben, lange nachdem die heiligen Bücher sich in staubige Erinnerung zurückgezogen haben.

Denn dein Anfang war nicht im Schoß einer Frau, und du wirst dein Ende nicht in einem Grab finden.

Du wirst nie genügend verstehen, um das Übernatürliche zu ergründen.

Und du kannst nur auf das hoffen, was du noch zu begreifen hast, damit du nicht glauben musst, dass du einer Feder gleich ziellos mit dem Wind dahintreibst.

Doch wenn dein Glaube durch deine Überzeugungen beschränkt wird, dann gleichst du einem Vogel in einem Käfig, der seine Schwingen zwar ausbreiten, aber nicht frei herumfliegen kann.

Obwohl du also die Behaglichkeit deiner Überzeugungen genießt, ist deine Seele doch anfällig, sich in der Beschränkung einzurichten.

Dein Glaube muss dich weder halten noch kennzeichnen noch von anderen trennen.

Errichte deinem Glauben keine Zufluchtsstätte; lasse ihn lieber einen glänzenden Torweg zur unbegrenzten Gegenwart in dir sein.

Du bist so viel großartiger als alles, was du dir vorstellen kannst, auch wenn du nur dich selbst kennst bis zu dem Grad, den deine Erkenntnis erlaubt.

Du kannst aus deinen Glaubensüberzeugungen ein Schiff bauen, auf dem du durch die rollende See des Lebens steuerst; ich möchte aber lieber, dass du in die unermesslichen Tiefen tauchst, damit du mit deiner eigentlichen Seele eins wirst.

Auf diese Weise wirst du in mir eine Quelle finden, in die du deinen Becher halten kannst, wenn es dich dürstet. Ich kann aber auch eine Flut sein, in der du ertrinkst, denn in deiner Untätigkeit wirst du dich nicht entfalten.

Ich möchte alles, was du glaubst, auslöschen, damit du mit einem Mehr an Unschuld und einem Weniger an Überzeugung zu mir kommst.

Auch wenn du meine Worte in Stein meißelst und sie als Spiegelbild der Wahrheit verkündest, verwandle ich Stein in Nebel und lasse alles Kristallisierte in einer flüssigen Melodie sich auflösen.

Ich bin das immer gegenwärtige Lied, das du noch singen musst; und ich bin dir näher als dein eigener Atem.

Du magst die Welt nach mir absuchen, und doch kann ich nur in dir gefunden werden.

Denn ich bin dein erleuchtetes Herz und dein verzückter Geist.

WAHRHEIT

Voller Sehnsucht, die Tiefen des Geheimnisses meines Lebens zu erkennen, verbrachte ich meine Tage in innerer Einkehr.

Bei meinen einsamen Nachtspaziergängen, die vom Mondlicht beschienen wurden und durch den Schutz des Waldes führten, träumte ich von der geistigen Welt.

Da sandte mir ein Windhauch, der von weit her zu kommen schien, den Hinweis auf eine Offenbarung, die meinen Weg durch die Dunkelheit erhellen sollte.

Ich starrte voller Demut in das endlose Firmament und stammelte:

»Wer bin ich – inmitten dieser endlosen, herrlichen Himmel? Von woher bin ich gekommen und weshalb erscheine ich hier? Gibt es dafür einen besseren Grund als jenen, dass ich mich über meine missliche Lage in der Vieldeutigkeit der Zeit wundere?«

Das Sternenlicht flüsterte mir eine Botschaft aus des Propheten unsichtbarer Gegenwart zu:

Zeit ist der Herzschlag der Ewigkeit, ein tonloses Pochen, das durch die Tiefen des Raumes fließt.

Die Mutter Meer vollzieht ihren rhythmischen Tanz mit dem Mond, während sie unaufhörlich die Zeit misst. Vater Berg kennt die Zeit als Äonen der Ablagerung, welche tiefe Gräben in den hartnäckigen Widerstand schneiden.

Indem sie unaufhörlich eine übergangslose Abfolge von Augenblicken vorantreibt, ist die Zeit der Torwächter für all diese Erscheinungen.

Und niemand kann sich dem entziehen, denn alles unterliegt dem Gesetz der Wandlung.

Selbst wenn du an den glitzernden Fäden der Erkenntnis hängst, zwischen den trüben Bildern des Gewesenseins, und dich für immer auf den unerreichbaren Horizont zu bewegst – bist du doch das regungslose Zentrum all dessen, das vor dir entschwindet.

Jedes wunderbare Ding vergeht, ein jedes süße Gefühl verweht, doch du bleibst regungslos: der unsichtbare Zeuge.

Und aus deinem ersten Gedanken heraus wird die Zeit geboren.

Wenn du nach der Wahrheit suchst, dann blicke hinter die geradlinigen Felder von Zeit und Logik.

Und wenn du in Gedanken eine Leiter auf den Sprossen des schlussfolgernden Denkens erklimmst, wirst du dort ankommen, wo du immer schon warst.

Wahrheit ist ein widersprüchlicher Abgrund, über den du stolperst – dort aber ist sie und sie lächelt dich an, schmucklos und unbegreiflich wie die Liebe.

In der Stille deines Herzens kannst du die Gesetze erahnen, welche dein Leben prägen und dein Schicksal gestalten.

Schüttle deine Vorurteile ab. Jeder Augenblick, in dem du deinen Becher in den Fluss der Schöpfung tauchst, ist erfrischend und neu.

Eine geäußerte Wahrheit wohnt nur einen Augenblick lang auf deinen Lippen. Und eine erinnerte Wahrheit ist keine; sie ist der Abglanz des Gestern auf dem Spiegel der Zeit.

Gedanken belegen die unbefleckte Erkenntnis mit einem Bann und verwandeln das Übernatürliche zu Tatsachen.

Lausche der endlosen Heiterkeit hinter der Erscheinung dieser Gedanken.

Befreie deinen Verstand von jeglichem Meinungsbild. Erlöse deinen Geist von jedem Bild und jeder Meinung.

Lasse deine Zunge mehr kosten als den schlechten Atem des Wissens, das aus Büchern einer anderen Zeit und eines anderen Ortes stammt.

Sei ein Fanal der Wahrheit, die dem augenblicklichen Antrieb deiner Seele entspringt.

Du bist die Lebendige Wahrheit.

Du bist ein Strahl des Höchsten Wesens, das deine Welt mit Bewusstsein erleuchtet, auf dass du dich an den Feldern der Träume ergötzt.

Mit dem ersten Blinzeln der Sonne fängt dein Tagtraum an; du denkst, du seist wach, doch dein Traum geht weiter im Schlafe des Vergessens.

Könntest du dich erinnern, wer du bist, so würdest du mit den Göttern über die Sinnlosigkeit deines Ernstes lachen.

Und wisse, dass bevor und nachdem all dies gekommen und gegangen ist – du so bist, wie ICH BIN.

VERLANGEN

*D*er Gedankengang des Propheten überstieg mein Fassungsvermögen, doch nach wie vor war seine Weisheit Balsam für meine erregten Empfindungen.

Die Angst und der Schmerz der Vergangenheit wurden wie schwere Vorhänge zur Seite gezogen, doch nur, um den Blick auf ein tieferes Verlangen freizugeben.

Meine spirituellen Übungen bestürmten mich mit ihrem berauschenden Zaubertrank und lieferten mich dann verderblichen Begierden aus.

An einem warmen Frühlingstag weilte ich an einem Bach, der sich in Wirbeln und Strudeln zwischen scharfen Felsen hindurchwand, um schließlich in einer engen Schlucht zu verschwinden. Ich beobachtete einen wilden Krokus, der sich langsam seinen Weg durch die Erde bahnte – und erkannte mich darin selbst: eine noch nicht geöffnete Knospe, vom nicht enden wollenden Winter eingesperrt. Ich bedurfte der Freiheit des Erfolgs, bevor mein Herz wahrhaft erblühen konnte.

Wie Edelsteine, in die Tiefe der See geworfen, gab ich alles, um mit einem flüchtigen Geheimnis vertraut zu werden, doch die seherischen Erfahrungen glichen den flüchtigen Träumen. Ich wurde noch mehr verletzt, denn ich wurde träge und leerte meine Konten auf der Suche nach geistigem Reichtum.

Es war kein schwindender Gedanke, nach dem ich mich sehnte, sondern ein uranfängliches Bedürfnis nach fühlbarem Bestand. Meine Taschen waren leer, meine Hände ohne Ertrag, und ich bedurfte der Unterstützung.

Ich bat: »Belehre mich über das Geld; ist es denn nicht das Maß dafür, nach welchem irdischer Erfolg gemessen und Sicherheit erlangt wird?«

Das Plätschern des Baches wuchs zu einer Melodie an, und ich hörte des Propheten vertraute Stimme antworten:

Ich wünschte, du würdest in all deinen Belangen Meisterschaft erreichen, doch messe deinen Wert oder deinen Erfolg nicht mit Geld, denn Geld kann keine Liebe schenken, und dein Wert liegt darin, dass du Liebe sichtbar machst.

Deine Sehnsucht nach Erfolg ist das Wesentliche deiner Schwäche, denn nur wenn du keine Wünsche hast, wird sich der Erfolg einstellen.

Ein Mensch mag triumphierend über Nationen geherrscht haben und generationenlang verehrt worden sein und doch ursprünglich über wenig Selbstwertgefühl verfügt haben. Ein anderer Mensch hingegen, von einfachster Herkunft, mag ein Erwachen der Seele bewirken und wird dennoch nicht anerkannt, und niemand wird sich seiner erinnern.

Wo ist Wert zu finden und woher stammt er? Nur du selbst verleihst dir Wert – oder nicht.

Und wie die Erde ihre Früchte hervorbringt, je nachdem, was du gesät hast, so gleicht deine Seele einem Feld des Überflusses, auf das die Himmel geheiligtes Manna regnen lassen, den Träumen zufolge, die du in die formlose Materie geschickt hast.

Die Antworten auf dein höchstes Sehnen liegen wartend in den unerschlossenen Quellen deiner selbst.

Bist du ein Opportunist, der nach Ruhm und Reichtum strebt, dann beraubst du dich der Schätze deines Herzens und gleichst einem Bergmann, der sich nach der Schönheit der Natur sehnt, um an ihr glänzendes Gold zu gelangen.

Unersättliches Trachten wird deine Sehnsucht so wirkungsvoll auslöschen wie ein Kübel Öl, den man ins Feuer gießt, um es zu ersticken.

Der Wunsch nach mehr wird nie genügend sein, denn das, was du nicht brauchst, trägt wenig dazu bei, dich zu befriedigen.

Lass deshalb dein Sehnen sich jenseits der oberflächlichen Verlockung seelenvernichtenden Gewinns erheben.

Geld kann dein Herz weder von der Angst befreien noch dir die Schönheit offenbaren.

Es kann weder deinen Schritt lenken, auf dass du tanzest, noch deine Stimme im Gesang lösen.

Nur dein offenes Herz vermag deine innere Leere zu füllen.

Wie ein Blinder an einer üppig gedeckten Tafel missachtet das hungrige Maul der Armut oftmals die ausgebreiteten Angebote des Ernährers.

Wohlstand beginnt damit, dass du diese großartige Welt als deinen Spielplatz ansiehst.

Mit dem besinnlichen Ernst eines Kindes, das einen Schatz sucht, solltest du die Quelle deiner Eingebung entdecken, auf dass du einen schöpferischen Beitrag leistest – als Antwort auf die Probleme, die du wahrnimmst.

Deine Sehnsucht ist des Lebens Verlangen nach sich selbst. Was wünschst du also wirklich, wenn nicht die Freiheit und die Macht, deine Träume Wirklichkeit werden zu lassen? An welcher größeren Freiheit kannst du dich erfreuen als an der Freiheit, so zu lieben, wie du bist?

Was kann das Morgen bringen, das noch nicht dein ist?

Du bist ein Kind im Garten der Gnade, und alles, was du vorhast, findet Unterstützung.

Und den größten Schatz, den du je bergen kannst, entdeckst du in der Liebe, die du teilst.

Sieh das wertvolle Geschenk, hier zu sein, als lebendig an: zu berühren, zu fühlen, zu lieben.

Und feilsche nicht mit diesem Geschenk in Form eines Gedenkens oder eines Versprechens.

GNADE

Die Zwiegespräche in meinem Inneren brachten das Fundament meiner Unsicherheit ins Wanken und lösten die Fesseln meiner Beschränkung, doch nach wie vor verweigerte ich mir die Freiheit, in der Gnade zu leben.

Jeden Morgen erwachte ich unter der Last meines eigenen Gewichts, und mein Wachtraum war überachtsam bezüglich seines Verlangens nach einem weit entfernten Schatz.

Wie ein aufgelöster Geist, der verzweifelt Zuflucht vor einem nicht fassbaren Sturm sucht, wälzte ich mich durch Wogen launenhafter Verwirrung, die ich weder beenden noch ertragen konnte.

Ich trug dem Geist meiner Seele vor:

»Deine Stimme erweckt in mir eine Leidenschaft für das Unsichtbare.

Ich erkenne die Erhabenheit meiner Welt, doch noch immer stehe ich vor dir mit dem Schmerz des Verlangens in der Brust.

Die Hand eines Geistes hat sich auf meine Kehle gelegt, und der Geschmack bitterer Tage brennt mir noch im Magen.

Mein aufgewühltes Herz verlangt pochend nach deiner Gegenwart.

Ich sehne mich danach, dich in jenem Garten der Gnade, von dem du sprichst, zu treffen, doch wie kann dies gelingen, wenn du nicht mein Alles bist?«

Nach einem Augenblick der Stille sprach der Prophet voller Zärtlichkeit zu mir.

Auf welche Weise kann ich dein Erwachen in Worte fassen, damit du die Schönheit der Gnade in deinen Gedanken erblicken kannst?

Du wurdest zu Anbeginn der Schöpfung im Garten der Gnade geboren. Nichts als deine Barmherzigkeit kann der Tiefe und Weite ihres Glanzes hinzugefügt werden.

Kleine Wellen auf einem Teich offenbaren die Beschaffenheit einer Brise, so wie ein Lächeln das Antlitz des Geistes sichtbar macht.

Die Gnade spricht in sanften Tönen und liebkost deine Sinne mit wohlwollendem Flüstern.

Sie tischt ein herrliches Festessen auf und tut ihr Bestes, um dich für ihr Fest zu begeistern.

Die Gnade trägt dich stets heimwärts und immer wird sie deine Füße dazu bringen, auf dem Grund zu tanzen, den sie für sich beanspruchen.

Es ist deine Aufgabe, in dem heiligen Bühnenspiel von Licht und Schatten aufzutreten, das in Szene gesetzt wurde, um deine Geburt zu feiern. Deine innere Spaltung findet sich in der Gegenwart all dessen wieder, was vor dir erscheint.

Auch wenn du mit deiner misslichen Lage haderst – vor diesem Schattenspiel scheint das ewige Licht der geistlichen Gnade auf dich.

Ob im Frieden oder im Krieg – du begegnest dem, was du bringst; diese Erkenntnis bewirkt deine Erleuchtung. Das Maß deiner Einsicht wird durch deine Ausstrahlung bezüglich der Gnade anschaulich gemacht, gerade dann, wenn Not eintritt.

Die Gnade, nach der du suchst, ist stets vor dir, doch weil du fürchtest, dass du ihrer bedarfst, verleugnest du sie.

Wie ein Schleier hängt das Trugbild des Mangels vor deinem Blick. Und sich wegen Bedürftigkeit in diesem Garten der Fülle zu quälen, ist, als würdest du dich selbst der Wirkung des Mangels ausliefern.

Löse den Knoten der Not und lege die Scheuklappen ab, auf dass du durch die Augen des überragenden Schauspielers dieses außergewöhnliche Theater betrachten kannst.

Die Gnade füllte deinen Becher bis zum Rand, lange bevor die Furcht vor der Not entstanden war.

Geduldig wartet sie voller Freude auf die kostbaren Augenblicke, in denen du ihr keine Beachtung schenkst.

SINNLICHKEIT

*I*ch segelte auf der ruhigen See der Träume, als Wogen jugendlicher Begierde in mir anzuschwellen begannen.

Der Liebe Lippen flüsterten mir Gedichte zu und öffneten meine Augen, um die Schönheit in weiblicher Form zu sehen.

Die Frau wurde zum größten Wunschbild göttlicher Gestalt und verlieh meinem Dasein Sinn.

In ihr fand ich etwas, was den Himmel überragte, was tiefer war als die See und verwirrender als beide zusammen.

Ich betete ihre Schönheit an und begehrte, den Schoß ihrer Zuneigung zu betreten.

Mich mit ihr in Liebe zu verbinden wurde zu meinem einzigen Verlangen.

Doch der Schöpfer machte zwei Körper aus einem und warf sie in jene weit entfernten Welten hinaus, in denen Trennung nichts als Schmerz bedeutet.

Die sanfteste Berührung ihrer zarten Haut ließ mein Herz klopfen wie die zitternden Lippen eines Dürstenden in der Wüste.

Für mich war die Frau das Schönste der gesamten Schöpfung und noch lieblicher erschien sie mir durch den Nebel meines lustvollen Verlangens.

Alles ändert sich gemäß den Gefühlen des Betrachters, und so verleiteten mich meine Sinne zu jugendlicher Verblendung. Ich schwärmte für das Licht in ihren Augen, den süßen Ton ihrer Stimme und die Anmut ihrer Figur.

Wenn ich eine solche Frau, wie ich sie mir vorstellte, hätte halten wollen, wäre sie gewiss im Nebel verschwunden.

Ich blickte sie wie ein Seher an, der in das große Wunder blickt und dessen Geheimnisse erkennt. Meine Sehnsucht sah in ihr etwas, was göttlicher war als ich, und mein eigener Wert verringerte sich in meiner Sicht, denn infolge der Tugend, die ich in ihr anbetete, verleugnete ich mich selbst.

In meinen Fantasien wurde ich von Vorstellungen ungezügelter Lust verfolgt. Meine Gedanken sandten flammende Pfeile zu ihrem Herzen, denn ich wollte die, die ich anbetete, verschlingen.

Durch ihre Augen blickten die Engel auf das Niedrige in mir, und ich schämte mich meines lustvollen Verlangens.

Doch nichts wollte meine Leidenschaft besänftigen, denn meine Absicht war so klar, als wäre sie meinem Gedächtnis tief eingeprägt, zur Zeit, da die Ewigkeit dämmerte.

Mit meinem in die Hände vergrabenen Kopf und den warmen Tränen, die in meine Hände flossen, schrie ich auf, um meinen verzagten Geist zusammenzuraffen:

»Ich werde von einer Besessenheit gejagt, die mich zum Sklaven macht. Mein Herz ist ein wilder Tiger, der gegen einen Käfig unausgesprochener Grundsätze stößt.

Hilf mir, das, was in der Sinnlichkeit heilig ist, von dem, was anstößig ist, zu trennen, auf dass ich ein Mann werde, welcher der Liebe aus dem Herzen einer Frau würdig ist.«

Der Prophet antwortete mit einfühlsamem Ton:

Vom Heiligen will ich sprechen, doch lass uns zuerst die falsche Haltung zur Scham ablegen.

Denn was ist Scham anderes als ein Mantel, aus der Moral gewoben und dem Unschuldigen umgehängt?

Obwohl du deine Nacktheit mit Sittlichkeit bedeckst, verbirgst du doch viel von deiner Schönheit, nur um sie vor den Augen des Unanständigen zu schützen.

Dadurch vermeidest du die Begegnung mit der Göttin, deren Blick trotz deiner unverhüllten Wünsche rein ist.

Glaube nicht, du könntest den Kurs der Liebe mit den Regeln der Rechtschaffenheit lenken. Alles in der Liebe mitleidsvollem Herz ist heilig.

Wenn das Leben von seinem eigenen Hunger in den Kerkern der Verweigerung gequält wird, dann wird der Unschuldige sogar an den Brüsten von Dämonen saugen, wenn es nötig ist.

Wer weiß, ob nicht eine Notlage, die aus einer Demütigung stammt, deinem geistigen Wachstum dienen kann?

Denn der Schöpfer ist auch der Zerstörer, und in jeder Heimsuchung und in jedem Höhepunkt entlang des Lebens geheiligter Reise liegt ein Segen verborgen.

Nur die sind erhaben, die ihren eigenen Schatten lieben und den Missklang in ihrem Herzen in ein durch Erfahrung geprägtes süßes Lied verwandeln.

Verweile deshalb nicht in den Sümpfen der Lust, denn sonst weichst du von deinem Weg ab.

Komm, um aus Liebe mehr zu machen als sinnliche Erregung oder verführerische Befriedigung.

Auch wenn dein tierisches Selbst seine Bedürfnisse kennt und nicht betrogen werden will, so gilt dies auch für dein göttliches Selbst, welches danach trachtet, dass du zärtlich in Liebe reifst.

Intime Vertrautheit vermag dich aufwärts zu tragen – zu den glückseligsten Augenblicken wahrer Vereinigung, aber sie kann auch die Ursache für einen weniger angenehmen Sprung in die Unterwelt der Gefühle sein, wo du auf deine ungeborene Seele treffen wirst.

Gemeinsam seid ihr die vielen Gesichter des Gesichtslosen Einen, der alles in Bewegung setzt.

Im Halbschlaf werdet ihr vom Zauber eurer Ganzheit durchdrungen, die euer beider Gestalt prägt. Und auch wenn ihr verlangt, miteinander zu verschmelzen – eure Ganzheit wird durch die Tugend in eurer Beziehung verwirklicht.

Denn das, was ihr aneinander bewundert, könnt ihr genauso gut in euch selbst zur Geltung bringen.

Eure Körper sind Tempel für den Geist; wenn ihr euch trefft, um miteinander eins zu werden, dann versucht, des Herzens Gebet in den Leib der Schöpfung zu säen.

Lasst die Traumbilder der Liebe im Pulsschlag der ekstatischen Erleuchtung sinnliche Gestalt annehmen.

Gebt euch ganz der Göttin hin, damit ihre Umarmung euch weich macht und erfüllt – reif und köstlich.

Erhebt eure Seele zum Göttlichen und erlaubt Gott, eure Zärtlichkeit zu ermuntern.

Und schließlich, nachdem eure Körper im Beben der Ekstase versunken sind, lasst eure Wünsche wieder still werden in einem Himmel liebevollen Flüsterns.

VERÄNDERUNG

Der Lauf der Zeit befreite mich von der Fessel der Einsamkeit und führte mich zu einer Frau, die mich mit Freude erfüllte. Sie führte mich in die Tiefe ihrer Zärtlichkeit, lehrte mich die Geheimnisse der körperlichen Vertrautheit. Ihre Zuneigung ließ mich ein großes Glücksgefühl erfahren.

Mit den Liedern der Liebe verzauberte sie mich, indem sie die Stunden mit Musik bereicherte und meine Einsamkeit in Entzücken wandelte.

Wir vermählten uns im Sommer der Liebe, und in den Nächten der Flitterwochen erwachte ich jeden Morgen mit einem Lied der Liebe auf den Lippen. Unsere Leidenschaft beschenkte unser Haus mit zwei wunderbaren Kindern.

Diese Tage ähnelten den Seiten eines Liebesromans, den ich nie zu Ende lesen wollte, denn unsere Familie glich der Quelle des Lebens, aus der ich voller Stolz mein Glück trank.

Inmitten des hektischen Lärms des Daseins fand mein Herz einen Ruheort, von dem aus ich bereit war, die Unrast der Welt zu erleben.

Die Monate und Jahre vergingen so schnell wie die Schatten der Wolken, die sich über die Hügel und Täler heben – und in jedem Tag lag eine Ewigkeit an Erinnerungen.

Die Sonne, die dem Garten im Frühling das Leben schenkt, wird ihn im Sommer austrocknen.

Ein Sturm kann sich mit dem zarten Flügelschlag eines Schmetterlings erheben.

Alles, was sich in der Geschichte des Lebens ereignet, wird zuerst aus sehnsuchtsvollen Gedanken und Träumen geboren.

Ich kann mich nicht mehr der widrigen Gedanken entsinnen, die in unseren Glückstraum gesät wurden. Ich vernahm nicht die rastlosen Seufzer während unserer geschäftigen Tage. Und ich bin nicht fähig, mir die belastenden Augenblicke, die unsere Gefühle veränderten, wieder ins Gedächtnis zu rufen.

Die See unserer Liebe schlug beständig an die Küsten zweier Welten, die auseinanderdrifteten.

Bald blieb kaum etwas von unserer Liebe übrig außer weit entfernten Erinnerungen an unsere Ehe, die wie zerfetzte Fahnen in den Nachwirkungen eines Sturms flatterten.

Unsere Liebe starb in einem Gewitter, das mit Geschehnissen wie Blitzen und donnernder Wahrheit zuschlug und unser Antlitz tränenüberströmt zurückließ.

Eines Abends im Spätherbst lag ich als ein Geschlagener da, dessen Familie vom Sturm zerstört war und der mich zu einem von seinen Kindern getrennten Vater machte.

Meine Kehle war vom Kummer zugeschnürt, und ich krümmte mich vor Schmerz, um das Schluchzen, das in meiner Brust eingesperrt war, herauszulassen.

Meine Augen, die zuvor die Wunder der Natur bestaunten, sahen nur noch eine kahle Landschaft, vom Wüten des Sturms verwüstet.

Meine Ohren, an das wonnige Lachen der Kinder gewöhnt, hörten nur noch das quälende Echo der heulenden Winde des Zorns.

Ich, der ich mich einst am Liebesband der Familie erfreute, wurde nun von der enttäuschenden Geschichte einer gescheiterten Liebe gemartert.

Nichts war mir wertvoller als diese warmen Tage der Liebe, und nichts war trauriger als diese schrecklichen Nächte kalter Verzweiflung.

Ich hatte gehofft, aus meinem Leben etwas Außergewöhnliches zu machen. Nun, schwach und verwundet, suchte ich eine Höhle, in der die Welt zu existieren aufhörte und in der mein Name aus dem Gedächtnis der Zeit gelöscht würde.

Doch je mehr ich nach der Dunkelheit verlangte, desto heller leuchtete die Anwesenheit meiner Seele, deren Strahlen sanft auf mich fielen.

Auf geheimnisvollen Wegen betrat der Prophet oftmals meine Schwermut, dem verschwommenen Bild einer flüchtigen Wahrnehmung gleich, doch gelegentlich erschien er auch wie ein leuchtender Schein am Firmament.

Eines Abends sprach ich voller Ernst zu ihm:

»In dieser dunklen Stunde lastet die Bürde der verlorenen Liebe schwer auf meinem Herzen, und mein Blick ist von Tränen verschleiert.

Ich bete um die Wiedergeburt der Freude aus dem Schmerz des Gestern.

Ich habe Sehnsucht danach, mich in der Ruhe eines Tages zu wärmen, der von der Gnade des Vergessens erneuert wird.

Ich bitte um Weisheit, um mit Rechtschaffenheit und Leidenschaft weiterhin die Tugend zu feiern.

Doch bin ich durch mein Versagen entmutigt, sogar den bescheidensten Erwartungen gemäß zu leben.

Ich wünschte, dein Mitleid würde mich von meiner Schwäche erlösen, damit meine Stärke in deinem Licht wandeln könnte.

Doch wie soll mein verarmtes Herz Trost bei deiner Weisheit finden, wie reich diese auch immer sein mag?

Ich gleiche den gelben Blättern des Herbstes, die keinen Gebrauch für die goldenen Strahlen der Sonne haben. Sie sind nichts als Spielzeug für den Wind, der dem Heulen des Winters den Weg bahnt.«

Wie ein erhabener Berg erhob sich des Propheten mächtige Gegenwart vor mir – unbeeindruckt von meiner bebenden Seele. Er antwortete auf eine Weise, die keineswegs Mitleid verriet.

Auch wenn du heute den bitteren Wein des Winters trinkst, vergiss nicht, dass die Lieder des Frühlings auf den Lippen des Morgen schlafen.

Dein Kummer gleicht einer dunklen Wolke, die den Glanz deines Geistes verdunkelt und Tränen auf dein Herz regnen lässt, damit der Baum des Lebens wieder blühen möge.

Die wilden Gefühle, die dein Inneres aufwühlen, folgen denselben Gesetzen, welche die Flüsse in die Tiefe lenken.

Gib dich hin, so wie ein Fluss sich seiner Quelle überlässt; du wirst erneut emporgehoben werden, um wieder und wieder über den Hügeln zu singen, bis du lachend auf deinem Weg nach Hause durch die Täler hinabsteigst.

Ich kam nicht, um dich zu trösten, sondern um deine Wurzeln in ihrer Anhaftung an die Unterwelt durchzuschütteln, auf dass du deine sorgenvollen Gedanken zerstreust und dein Haupt über die Wolken des begrenzten Denkens erhebst.

Der Geringere in dir beschwert sich über das Versäumnis des Lebens, dich deiner Last zu entbinden.

Du leidest wie einer, dessen letzter Wille nicht wahrheitsgemäß erfüllt wird.

Und dein Elend dauert an, während du mit deinen Dämonen durch den Abgrund tappst, dessen Wände vom Schmerz der Geburt widerhallen und von der drohenden Gegenwart des Todes erfüllt sind.

Mit deiner Rückkehr zum Licht bist du dabei, dem geistlosen Schatten zu folgen, den du selbst wirfst.

Und mehr noch als den Zerbrechlichen, der du zu sein meinst, schätze ich das, was in dir ohne Form ist und frei.

Deine Seele ist grenzenlos in ihrer Tiefe, und dein Geist schweift durch die Leere über das große Jenseits hinaus.

Weshalb zeigst du mir nur den hässlichen Teil deines riesenhaften Selbst?

Rufe nach deiner Tiefe, um deine Höhen zu erklimmen, auf dass du wie auf Trittsteinen zum Gipfelpunkt deiner Seele während deiner dir noch verbleibenden Tage aufzusteigen vermagst.

Welche leidenschaftliche Kraft lässt dein Haupt sich inmitten deines Leids mit Würde erheben?

Welche Macht will dich zum Singen bewegen, auch wenn du nach Hilfe rufst, und zum Tanzen, selbst wenn du um Mitleid flehst? Du bist ein Träumer, der im Werden begriffen ist.

Welch göttliche Eingebung wird dich in deiner Welt ohne Furcht sein lassen und dich zur Herrlichkeit deines erleuchteten Herzens führen?

WUNSCHBILD

*I*n meiner Verbitterung fuhr ich fort, mich zu beschweren:

»Ich bin der Sklave von Gesetzen, die ich nicht verstehe und deren Last mein Haupt beugt, sodass ich nur noch Bruchstücke meines Lebens am Boden liegen sehe.

Du solltest dafür sorgen, dass ich mich in frommer Absicht wieder dem Himmel zuwenden kann, doch ich gleiche einer vertrockneten Blume, von Disteln und Dornen bedrängt. Ich habe meiner Schönheit Lebewohl gesagt.

In einem nicht endenden Sturm zerstörter Träume bin ich verloren, und meine Ohren hallen wider von Klagen des Bedauerns; deine Aufgabe wäre es, mich in einen wundersamen Hafen voller Wunschbilder fortzutragen.

Aber meine Leuchte ist schwach, und ich mühe mich zu lesen, was auf dem aschfahlen Gesicht dieser unangenehmen Tage geschrieben steht.

Meine Gebete sind Bitten eines zweifelnden Liebestoren, und es scheint, dass du mehr an mich glaubst, als ich selbst in der Lage bin.«

Der Prophet antwortete, indem er sprach:

Die Worte, die du im Gebet äußerst, folgen nicht den Worten, Gedanken und Bildern, die du tagsüber sprichst.

Dein Weg wird stets deinen Vorstellungen folgen, so gewiss wie auf die Nacht der Tag folgt.

Denn das Leben, das du führst, ist zwangsläufig ein Spiegelbild der Weise, wie du auf dieses Leben blickst.

Alles fängt wie ein Traum an und alles endet wie ein Traum. Deine eigene Geschichte ist nichts als ein Tagtraum, bevor dein größeres Selbst anbricht.

Gestern suchte dein Wunschbild die Weisheit, doch heute muss deine Weisheit ein höheres Wunschbild suchen.

Öffne die Fenster und Türen deiner Wohnung und lass frischen Wind den Schutt wegblasen, der deine Seele überhäuft.

Entriegle die geheimen Schränke deiner Vorstellungskraft und nähre dein hungriges Herz mit gesegnetem Manna.

Wunschbilder stammen aus einer geheimen Kraft, die du noch entdecken musst, und sie führen dich beständig weiter bis an den Rand der Verheißung.

Träumen bedeutet, sich mit der Weite abzusprechen und das zu berühren, was für immer unerreichbar ist.

Dein Heiltraum enthüllt den geheimen Pfad in eine Zauberwelt.

Und es ist an dir, das Licht der Verzauberung zu entzünden, auf dass es hinter deinen Augen hervorleuchte.

Tue immer dein Bestes, deinen Glanz zu offenbaren.

Ertrage deine freudlosen Tage mit Geduld.

Denn das Beste in dir erzielt die höchsten Ergebnisse bei den fehlgeschlagenen Versuchen.

Und es ist dein Glanz, der das Scheitern in die Erleuchtung größerer Träume wandelt.

Hinter dem, was du erreichst, ist das Morgen stets einer Verheißung fern.

Du wirst dein Schiff nie in ihrem Hafen vertäuen, denn das Morgen legt seinen Zauberspruch auf deinen Tag. Die Verheißung besitzt alle Möglichkeiten, sie ist des Reisenden Bestimmung.

Nach alledem – bist du nicht ein Reisender in der Zeit, der auf den Wellen des Wandels reitet?

Du bist der Lenker des geistigen Schiffes, das durch das Bewusstsein gleitet.

Ohne Vorstellungskraft ist dein Geist so sinnlos wie ein Boot ohne Meer.

Deine Wunschbilder von morgen haben ihre Segel gesetzt und sind auf Kurs.

Mit der Brise deines edelsten Sehnens zu segeln heißt, am höchsten Ziel anzukommen.

Nur dann wirst du der sein, den du in deinem Gebet herbeiflehst.

Wirst du nun mit lächelndem Mut dein Selbstmitleid aufgeben und ebenso den unsinnigen Traum, unbezwingbar zu sein?

ÜBERFLUSS

*D*ie Kraft der Weisheit des Propheten begann, mein Verstehen zu durchdringen, und die Tore des Morgen öffneten sich auf unsichtbare Weise, als ich mit seiner in mir nachhallenden Stimme meinem Schicksal entgegenging.

Wunschbilder überfluteten meine Einsamkeit wie Wogen von unbekannten Meeren, die an die Küsten meiner Seele schlugen.

Des Nachts erhielt ich Botschaften, die nicht für den Tag bestimmt waren.

Oft erwachte ich aus prophetischen Träumen, die ihren Weg in mein Gedächtnis brannten, als würde manch helles Licht von weit entfernten Sternen in meinem Herzen Halt suchen.

Obwohl ich keine Stimme hatte, um den Liebesliedern, welche der Wind mir zutrug, Ausdruck zu verleihen, blieb doch ihr Geschmack auf meiner Zunge, und sie hinterließen ein Lächeln auf meinen Lippen.

Wenn ich dann doch sprach, war der schwache Widerhall ihres Murmelns in meinem Atem zu vernehmen.

So wurde ich bekannt als einer, der sich mit den Geistern anderer Welten unterhielt, und bald sah man mich als spirituellen Lehrer und Heiler an.

Viele Jahre lang ging ich dorthin, wo immer ich eingeladen war; ich reiste von Ort zu Ort, bot Heilung an und lehrte die Wege der Liebe und des spirituellen Erwachens.

Schließlich fand ich mein Zuhause auf Hawaii, wo man mir bald magische Kräfte nachsagte.

Manche Leute meinten, ich würde in ihrem schlaflosen Gedächtnis leben und sie des Nachts mit Botschaften heimsuchen. Viele fürchteten, meine Gebete zu erkaufen und ihre Gaben für meine Führung einzutauschen. Einige waren sehr wohlhabend, und als sie ihr Vermögen mehrten, entlohnten sie mich großzügig.

Überfluss füllte meine Taschen – mehr als genug, und mein Einsatz vervielfachte sich. Ich schuf ein ansehnliches Vermögen, das ein schönes Haus sowie Grundbesitz miteinschloss; dort begann ich – in einer sich für die Zukunft ausweitenden Wunschvorstellung – ein spirituelles Rückzugszentrum zu errichten.

Und mit meinem Wohlstand wuchs auch mein aufgeblähtes Selbstwertgefühl.

Je mehr ich herumgereicht wurde, umso mehr wollte ich; und je mehr ich erhielt, desto mehr brauchte ich.

Ich ertrug es, eine beschädigte Version des Menschen zu sein, der ich zu werden ich mich anstrengte. Ein heiliger Schauer machte mich auf meinen Stolz aufmerksam, mit dem mich meine

Schüler nährten. Und ich sehnte mich nach der Wärme eines anspruchslosen Lebens.

Als ich schließlich in den Spiegel blickte, strahlte mir die durchdringende Erscheinung des Propheten zurück.

Seine Worte der Weisheit fanden ihren Weg in meine Schwäche:

Du kamst in diese Welt mit geballten Fäusten, die zum Öffnen bestimmt waren. Deine Leere wollte es, dass du dein Leben mit Inhalt füllst, doch weißt du wenig von der Quelle, die deine Unzufriedenheit stillen wird, weshalb du den Dingen anhaftest, um dadurch deine geistige Armut aufzuwiegen.

Während dein Los sich entfaltet, wächst dein Herrschaftsgebiet bezüglich des Habbaren. Alles gesellt sich dir bei, deinem Reifegrad gemäß. Doch nichts davon kannst du behalten, denn du gehörst nicht der Welt der Dinge an. Suche deshalb nicht nach künstlichem Wohlstand, denn nur eine Quelle in deinem Herzen vermag deinen Durst zu löschen.

Reichtum ist ein wankelmütiger Freund, der dich deiner Tugend berauben kann. Und du bist niemals so verwundbar als in den Zeiten, in denen der Strom des Überflusses und des Ruhms deinen Wunschbrunnen überflutet.

Sei vor dem Einfluss eines günstigen Schicksals auf der Hut, denn das, was du besitzt, besitzt dich und hat deshalb auch die Kraft, dich zu zerstören.

Unter der Last der Ausschweifung kann deine Unschuld ganz leicht vom Stolz zerstört werden.

Und in dem Maße, in dem du Güter anhäufst, häufst du gleichermaßen Angst an. Somit steigst du mit deinem Erfolg auf und fällst deinen Anhaftungen gemäß in den Misserfolg.

In diesem Morast musst du das Fundament deines Charakters pflanzen, doch nichts schmälert ihn so wie die Leidenschaft, die nach Reichtum oder Bewunderung strebt.

Ein höheres Leben zu suchen, indem du alles über die Neigung deines Herzens hebst, ist ein nutzloses Unterfangen.

Glaube nicht, nur die sonnenbeschienenen Gipfel des Wohlstands wären deiner Zuneigung wert, denn es ereignen sich auch seltene Segnungen in schmucklosen Wüsten.

Die Tugend ist ein geduldiger Freund, der dich mit leeren Händen durch entlegene Täler gehen lässt – zur Lebensquelle der einfachen Freuden.

Wenn du das tugendhafte Leben auf der Jagd nach Verschwendung brüskierst, so wird deine Reise auf jedem deiner Schritte Ärger erzeugen.

Denn als würdest du Tinte in deinen Brunnen gießen, dessen Wasser sich dann schwarz färbt, so wird die reine Freude durch das Verlangen vergiftet. Doch zuletzt ist nichts so verdorben, dass nicht die Berührung der Unschuld es wieder rein machen könnte.

Auch Wohlhabenheit muss dein Fortschreiten nicht behindern, noch vermag die Selbstverleugnung deine Güte zu erhöhen.

Es ist deine Schwäche, welche den Reichtum anbetet, und darum musst du dich anstrengen, einem höheren Gut zu dienen.

Wahrlich, es ist das Leben, das dir in diesem flüchtigen Palast der Zeit wie einem Ehrengast zu Diensten ist. Nur ein Narr würde versuchen, das unfassbare Flüstern der Stunden zu horten, während sich in einem großzügigen Herzen das Dröhnen der Zeit in süße Musik wandelt.

Gib, auf dass du die Freuden des Gebens erfährst, denn wenn deine Tage gezählt sind, wird all das, was du nicht gegeben hast, verloren sein.

Durch die Großzügigkeit deiner Güte wird der Arme in dir zu einem Prinzen erkoren.

Großmut ist das Juwel, das dich krönt, und sein Gegenwert sind einhundert Millionen Wünsche.

BETRUG

*I*ch verschlang diese Grundsätze, um meinen Wert in den Augen der anderen zu erhöhen, doch ich war nicht bereit, mein Leben nach ihnen auszurichten. Und ich war auch nicht bereit, der Kapitän meines Schiffes auf den ansteigenden Wogen des Überflusses zu sein.

Ich zweifelte an meiner Fähigkeit, mein wachsendes Vermögen zu verwalten, und in meinem Zweifel war ich zwischen der Furcht des Verlustes und dem Verlangen nach mehr hin- und hergerissen. Die Stimme der Weisheit vernahm ich zwar, doch war ich in den glitzernden Ketten der Anhaftung gefangen.

Ich bedurfte der Hilfe.

Unter den vielen Menschen, die mich wie eine Familie von Freunden umgaben, war ein Mann, dessen wahren Charakter ich nicht erkannte.

Ich verfiel seinem Charme, seiner Freundlichkeit und seinen großzügigen Gesten.

Er sprach zärtliche Worte, deren Klang dem sanften Regen in der Wüste glich.

Oftmals saßen wir zusammen, um ein Mahl zu teilen, und er würzte das Essen mit Geschichten und Späßen, und wir lachten zusammen aus ganzem Herzen.

Und wenn mein Herz schwer war, half er mir, meine Last zu tragen, so wie es ein wahrer Freund tun würde.

Mehr als einmal fielen in den Jahren, da ich ihn kannte, meine Tränen auf seine Schulter, während er mich wie ein Bruder, nach dem ich mich sehnte, in den Arm nahm.

Ihm öffnete ich mein Herz und mein Heim, doch meine Augen blieben geschlossen.

Ich nahm weder die Distanziertheit in seinen Augen und die ungeweinten Tränen in seinem Gesicht wahr noch erahnte ich die Wunde seines Herzens, die ihn in einer weit entfernten Welt gefangen hielt.

Während wir uns umarmten, erkannte ich nicht, dass seine Hände nach einem Weg in meine Taschen suchten. Und während wir gemeinsam lachten, nahm ich nicht wahr, dass sein Blick den Raum nach einem Plan abtastete.

Hinter einer Maske versteckt ging er stolz unter den Unschuldigen umher, wie ein Wolf, der seiner Beute nachstellt. Ein Dieb, der die Wohltätigen mit der List einer Spinne verführte, und ich erfuhr zu spät, dass schon viele darin gefangen waren.

Er nahm die Luxusgüter des Lebens ohne Mühe in Anspruch und war in der Art und Weise, Geld zu verwalten, sehr bewandert, doch machte ich den Fehler, zu akzeptieren, dass er sich auch um das meine kümmerte.

Nach einem Jahrzehnt, in dem ich meine Zeit in meinen Traum vergoss und beobachtete, wie sich seine Schönheit zu entfalten begann, starb dieser Traum. Der bessere Teil von allem ging durch Betrug, schlaue Gaunerei und aussichtslose Gerichtsverfahren verloren.

Heftiger Wind schlug mir entgegen.

Kalte Flammen des Zorns brachen aus meinen Tiefen, loderten zum Firmament, ließen jedoch nur kalte Asche im Herd zurück.

Wie wild kämpfte ich gegen die Wogenfront des Meeres an, bis hoffnungsloser Kummer mich zitternd an der Küste inmitten des sich auflösenden Schaums zurückließ.

Ich rief meiner Seele zu:

»Du nährst mich mit Liebe; warum zerstörst du mich jetzt mit Lügen?

Du küsst mich inniglich und misshandelst mich dann grausam.

Du führst mich mit Weisheit zu den Feldern des Überflusses und nimmst mich dann gefangen, ohne dass es ein Entkommen gäbe.

Wahrlich, ich bin in Herausforderungen geschult und durch Tränen gereinigt, doch in diesem Schmerz welkt mein Leben und lässt mich erschöpft zurück.

Mit deiner rechten Hand hebst du mich empor und mit deiner linken schlägst du mich nieder, und ich weiß nicht, weshalb.

Du bist allmächtig und ich dein unbedeutender Diener; warum zerstörst du mich?

Ich bin dieses jammervollen Kämpfens müde und ich verliere den Glauben an deine Gerechtigkeit, denn du zeigst mir die Verdienste derer, die mein Vertrauen und meine Unschuld missbraucht haben.«

Kraftvoll sprach des Propheten mächtige Stimme zu meinem spöttischen Herzen:

Du bist von dem Falschen, das man dir angetan hat, nicht freigesprochen. Wenn du klar siehst, wirst du erkennen, dass die Verbrechen, die an dir begangen wurden, wegen dir geschahen.

Dein Feind ist dein eigenes Selbst, das du verleugnest und dem zu vergeben du dich schämst.

Blick in deine Tiefen und du wirst sein Gesicht sich in deinen stillen Wassern widerspiegeln sehen.

Lausche der Ruhe der Nacht und du wirst im Pochen deines Herzens ihr Verlangen fühlen.

Deine Seele im Herzen deines Feindes zu erkennen – das ist die Geburt wahrer Liebe.

Doch noch bleibt vieles von dir ungeboren, hinter den Schatten der Ablehnung verborgen.

Ist es nicht erstaunlich, dass ein harmloser Schatten große Macht ausübt, wenn man ihn voller Furcht ansieht?

Stellst du dich gegen deinen Feind, machst du ihn gefährlich.

Und wenn du ihn mit Vergeltung strafen willst, ist dein eigenes Fleisch vergiftet.

Alles aus deiner Welt, das zu lieben du zurückweist, wird sich feindlich gegen dich wenden und dich so deiner Ganzheit berauben.

Würdest du emporsteigen, so müsstest du alles anerkennen, was das Leben von dir nimmt, und zwar mit derselben Verwunderung, mit der du sein Wohlwollen genießt.

Es ist undenkbar, die zu überschätzen, auf die du hinabblickst, denn sie schenken dir unbezahlbaren Unterricht.

Welche größere Untat kann einer dem anderen zufügen, als den Schurken so zu spielen, dass man ihm das wertvollste Geschenk gibt?

Du erkennst den Wert eines Übeltäters, wenn du dich in ihn hineinfühlst. Sei in ihm, als wäre er in dir, denn durch seine Schande hast du den Vorzug, die Kette Übeltaten zu brechen.

Wie auch immer, wenn du schwach bist, gibst du einem anderen die Schuld dafür, was du in dir selbst nicht anerkennst, und du zahlst den Preis für deine Ablehnung damit, dass dich seine Taten schmerzen.

Du hast einen Scharlatan in dein Heim eingeladen, damit du deinen Wert erkennst, sobald er in dessen Gegenwart zu leiden beginnt.

Dies ist dein Weckruf; und am Abend deines Erwachens musst du deinen Feind wie deinen Freund willkommen heißen, denn nur gemeinsam werdet ihr emporsteigen.

Dein Gegenspieler hält einen enthüllenden Spiegel hoch, der schwer fassbare Lösungen zu deinem Aufstieg wiedergibt.

Doch deine spirituelle Befreiung ist nichts für ein furchtsames Herz.

Du musst dein Herz der Wahrheit öffnen, die dich am tiefsten trifft.

VERGEBUNG

*D*urch des Propheten stille Gegenwart versenkte ich mich in mich selbst – einem ruhigen See gleich, der einen rauschenden Strom in seine schweigende Tiefe zieht.

Er gebot mir, die Verantwortung für meine Fehler zu übernehmen und mich selbst im Spiegel meiner Urteile zu prüfen.

Doch ich kämpfte gegen meine Seele an; eigensinnig und ärgerlich focht ich gegen das unnachgiebige Eindringen von Weisheit.

In einem wütenden Aufruhr ritt ich auf den anbrandenden Wogen schädlicher Gefühle, während ich mich paradoxerweise nach Demut in friedlichen Gewässern sehnte.

Wie ein Blinder, der hoffnungslos nach einem verborgenen Ausgang aus einem dunklen Gefängnis sucht, betete ich, um meinen Ärger zu verstehen und von ihm loszukommen.

Und wieder beantwortete der Prophet meine Fragen.

Ärger ist zerfallene Liebe.

Und die Rechtschaffenheit verlangt, dass du dich von der Schuld, die den Zorn für gültig erklärt, verabschiedest, damit du die giftige

Auswirkung, unter der du leidest, nicht noch verlängerst.

Offen seinen Groll zu zeigen heißt, sich selbst zu verspotten, indem du bei dir dieselben Fehler, die du bei anderen missbilligst, rechtfertigst.

Deine selbstgerechte Überlegenheit errichtet einen Schutzwall, der zu deinem Gefängnis wird.

Hast du denn noch nicht genügend Schmerz in dieser Auseinandersetzung ertragen?

Nur ein schwaches Herz sucht Vergeltung; die Würde des Unschuldigen liegt darin, zu verzeihen.

Und deine Unschuld ist niemals so gewinnbringend wie dann, wenn du um Vergebung bittest.

Nimm deine Pläne mutig zurück und richte deinen Blick mit durchdringender Ehrlichkeit nach innen.

Durchbrich die Mauern der Verleugnung und beanspruche für dich das Privileg, bedingungslos zu lieben.

Die Schwingen der Freiheit warten auf dich an der Himmelspforte.

Doch du kannst den Himmel nur betreten, wenn du die Hölle nicht weniger liebst.

Öffne die Geheimschränke, in denen sich die Schuld verbirgt, und lass das wohlwollende Licht der Gnade ein.

Wende dich nicht von der Scham ab, denn sie ist der letzte Schleier, der deine dir innewohnende Unschuld verhüllt.

Gieße die kalten Wasser der Erlösung in das Inferno, das deine Albträume zum Kochen bringt.

Befreie deine Dämonen und drücke sie einfühlsam an deine Brust, damit sie nicht in der Tiefe brodeln und einen Fluch herbeirufen.

Viel von deinem Kummer wird von dem verursacht, was du selbst kundtust; doch ist deine Geschichte nur eine aufrechterhaltene Fabel, die wie ein Drache mit dem Hauch deines Atems fliegt.

Es wäre schön, wenn dein Geist so frei werden könnte wie der Wind.

Denn während du geringschätzig spottest, küsst dich die Schönheit jeden Morgen mit einem neuen Tag wach.

In endloser Geduld flüstert sie: »Löse dich von deiner Last, tritt aus dir heraus und sei mit mir.«

Und obwohl du sie kaum beachtest und dich von ihr abwendest, macht sie doch immer Zugeständnisse voller Freundlichkeit und ist niemals beleidigt.

MUT

*D*iese Worte der Weisheit des Propheten, aus einer unbekannten Welt mir zugeflüstert, klangen wie Donner in meinen Ohren, doch noch gelang es ihnen nicht, in meinem Leben Gestalt anzunehmen.

Meine Freude schwand wie ein halbvergessenes Lied der Liebe.

Mein Geist machte sich auf, irgendwo zwischen Himmel und Erde herumzuschwirren und mich in dem Schatten, den er auf den Boden warf, zurückzulassen.

Ich fühlte mich wie eine Lehmpfütze im Fußabdruck meiner Seele, die den Traum einer weit entfernten Dämmerung widerspiegelte.

Die Sonne war in meinen Augen untergegangen, und ich wusste, ich könnte den Morgen nur erreichen, wenn ich durch die Nacht ging.

Ich bedauerte mich selbst:

»Diese angstvolle Leere in mir ist zu undankbar, um zu vergeben.

Wem dient es, meine Qual zu verlängern? Ich bin eine ungewollte Last für die, die mich umgeben. Wie gerne würde ich sie verlassen, um mich jener fremden dunklen Tröstung anzuschließen, die ich mir von jeher wünschte.

Über meine Ängste nachzugrübeln wird mir nicht den Mut bescheren, dessen ich bedarf. Lass mich der letzten Angst begegnen – dem Tod, auf dass mein Ruhm nicht vergehe und mir mit ins Grab folgt. Denn möglicherweise vermag ich mein Lied der Freiheit vom Berggipfel meines Mutes aus zu singen.«

So verließ ich die Welt der gebrochenen Versprechen und begab mich auf der Suche nach einer Vision ins Innere eines entlegenen Canyons, der sich von der Mitte der Insel bis zur See erstreckte.

Ohne Sorge den Tod willkommen heißend und ihre machtvolle Wirkung auf die Seele unterschätzend, nahm ich eine große Menge goldköpfiger halluzinogener Pilze zu mir, die den Wegesrand säumten.

Der Mond erhob sich in voller Pracht und warf einen nächtlichen Regenbogen auf meinen Weg, der dem Bogengang zu einem verzauberten Königreich glich. Eine Eule führte mich durch die Schatten, die sich elegant über den Grund des Canyons gelegt hatten. Als sie meinem Blickfeld entschwand, stieß sie einen Schrei aus und brachte mich auf diese Weise zu einem Steinkreis im dunklen Herzen der Klamm.

Eine furchterregende Hexerei bedrohte meine Nerven, und die psychedelische Ekstase, die meine Gehirnzellen ergriff, ließ die Schärfe meines Geistes stumpf werden. Mein verwirrter, geschwächter Körper wurde von den Armen der Schwerkraft zu Boden gezogen, und ich blickte dem Mond, der am schillernden Himmel schwebte, ins Auge.

Während sich mein Körper in Licht auflöste, war die Vorstellungskraft meines Geistes bereit, zu erwachen. Ich sah einen Mann einsam auf seinem Totenbett liegen. Er stöhnte voller Schmerz und ich hörte seine Stimme sagen:

Komm, ich werde dir etwas zeigen, was deine Angst beruhigen wird. Komm nur nahe heran und schaue hinter dem Schleier des Todes in das Herz des Lebens.

Ich blickte auf ihn, so wie der Himmel auf die Erde herabsieht. Und als ich mich über ihn beugte, sah ich ein verzerrtes Bild meiner selbst mit fratzenhaften Zügen. Mein Gesicht war verfinstert von unaufrichtiger Weisheit, verführerischer Zärtlichkeit und böser Schönheit. Dieser Anblick ließ mich zutiefst erschaudern.

Der Himmel wurde zu einer Feuerkuppel, unter der alles in lodernden Flammen aufging.

Ich fühlte, wie meine Haut mit brennenden Blasen überzogen wurde. Von innen heraus nagten Würmer an meinem Fleisch, sodass mein Geist erblasste. Meine zitternden Lippen gaben ein klägliches Jammern nach Mitleid von sich.

Dann schoss ein Lichtblitz kanonengleich aus meinem Steißbein durch meine Wirbelsäule und explodierte in meinem Schädel. Ein qualvolles Heulen, welches das Herz einer Steinrose zum Schmelzen gebracht hätte, kam aus meinem Bauch und hallte in den entlegenen Regionen des Himmels wider.

Ich fühlte die kalte Verbundenheit des Todes zu nahe, als dass sie mich hätte trösten können. Das Tor meiner Existenz bewegte seine Scharniere, um sich zu schließen; und mit einem Mal wusste ich, dass ich eine Überdosis Gift zu mir genommen hatte und im Sterben lag.

Eiskalt vor Angst stieß ich meinen letzten Atemzug aus, während die Schreie meines Herzens im Nichts verschwanden.

Mein Geist wurde von seiner Anhaftung an meinen Körper befreit, als ich durch einen Lichttunnel in einen Wirbel strahlender Ruhe ging, wo ich in alle Ewigkeit glücklich geblieben wäre.

Doch nach einem zeitlosen Zwischenspiel erbebte der Boden heftig, und mein Geist wurde in meinen Körper zurückgestoßen.

In einem Becken heißen Schweißes und kalten Nachttaues erwachte ich. Mein verwirrtes Inneres fand seinen Widerhall in dem schwachen Rumoren des Vulkans Kilauea, der eine rote Glut an den Horizont brannte. In meiner Benommenheit sah ich, dass die Umgebung sonderbar ruhig war und unter einer sanften Nebeldecke lag, die sich über die Hänge des Canyons ausbreitete.

Nach kurzer Zeit blickte ich mich um und nahm vom Dunst nahezu verborgen die Eule wahr, die nicht weit von mir entfernt auf einem großen, senkrecht stehenden Stein saß. Die Eule und der Stein verwandelten sich in eine Erscheinung des Propheten.

Während er sich mir schnell näherte, blickte er mir in die Augen und berührte meine Stirn mit seinen Fingerspitzen, um mir eine Botschaft zu übermitteln, reiner als die Sprache, die von Lippen ausgesprochen wird.

Augenblicklich fand ich mich an einem uralten Ort jenseits der Zeit wieder, an den sich meines Geistes Auge mit außergewöhnlichem Zartgefühl gewöhnte. Von der Schönheit angezogen, fühlte ich die Güte, die zuvor von der blind machenden Halluzination verdeckt gewesen war.

Inmitten schweigender Erscheinungen standen meine Ängste wie Geister zwischen meinem Blick und der liebenden Tiefe seiner Augen. Und der Rhythmus meiner Herzschläge beruhigte sich in der stillen Schönheit seiner Liebe, die uns zusammenführte.

Dann sprach der Prophet, und seine Stimme ließ das Mondlicht durch den Nebel leuchten:

Welche unausgesprochenen Worte in meinem Herzen werden dein Lied der Leidenschaft hervorlocken?

Du hast die Schönheit, die jenseits des Todes wartet, erfahren, und es ist richtig, dass du ihren Anblick nicht vergisst.

Wirst du nun wach genug sein, um zu verstehen, dass du träumst, oder wird die Angst dich bei lebendigem Leib auffressen, bis du nur noch ein Atemzug bist, den der Wind davonträgt?

Ich würde dich gerne unter meinen Schutz nehmen und deine Schwachheit bitten, sich an meiner Stärke anzulehnen, doch nur dein Mut ist in der Lage, dich wachzurufen.

Du zappelst auf des Messers Schneide zwischen dem Gebrechlichen, der du zu sein meinst, und dem gesichtslosen, ungebundenen Geist, den du fürchtest.

Doch die Angst sitzt in den dunklen Schatten deines Geistes.

Ist man wachsam, musst du nicht bangen, denn die Angst selbst ruft das hervor, was man fürchtet.

Es ist eine Kette von kleinen Dingen, die dich in deiner begrenzten Persönlichkeit gefangen hält.

Und wenn es dich auch ängstigt, in Selbstlosigkeit zu vergehen, in der Leere, die du fürchtest, ist mehr Schönheit verborgen, als du dir vorstellen kannst.

Du hast keine Angst vor dem Ende des Tages, wenn du dich des Nachts dem Vergessen hingibst, denn du vertraust darauf, dass ein neuer Tag anbricht.

Hinter den Wolken der Vergesslichkeit scheint unablässig Licht durch die Tage und Nächte der Ewigkeit.

Und hinter den Kulissen auf deiner Schaubühne der Verzweiflung verbleibt dein grundlegendes Wesen in einem Zustand des Glücks.

Der einzige greifbare Tod ereignet sich dann, wenn du dir vorstellst, du seist so verletzbar, dass du ein Fremder im Passionsspiel des Lebens wirst.

Wenn du dabei zögerlich bist und fürchtest, dass der Atem des Lebens deine kleine Flamme löschen wird, dann wird alles vergehen, während du dich hinter der Bühne im Theater der Träume aufhältst.

Eine Angst, der du noch nie begegnet bist, macht dich blind für edleres Streben und verleitet dich zu oberflächlichen Ablenkungen.

Am Ende wirst du mit dem, wofür du dich entschieden hast, zurückbleiben.

Beobachte deshalb deine schlimmsten Ängste gleichzeitig, damit du nicht in ständiger Furcht vor ihnen lebst.

Du bist so sicher, wie du nur sein kannst, und du wirst es immer bleiben, denn du bist Geist, mein Kind, und ohne Tod.

Dein Selbstbildnis gleicht einer Sandburg, die täglich an den Stränden der Zeit erbaut wird.

Die Gezeiten des Wandels tragen auch deine teuersten Schöpfungen für immer hinfort, um den Weg für den neuen Traum freizumachen, der jetzt geboren wird.

Ich möchte, dass du deine Verluste mit Verwunderung begrüßt und deine Arbeit den spendenden Fluten als Gabe überlässt.

Denn wie alles, was lebt, bist auch du hier, um deine Fülle zu verwirklichen.

Warte nicht darauf, bis der Tod den unermesslichen Geist, der in dir wohnt, zum Leben erweckt.

Du wirst, wenn die Zeit gekommen ist, zum vergessenen Heim deiner schlaflosen Mutter hinweggetragen werden.

Doch der Tod ändert nichts als das Fleisch, das dein Gesicht verschönert.

Widme deine Zeit hier dem Leben; denn der weiße Engel ist freundlich und stets geduldig und er weiß besser als du, wann der Augenblick gekommen ist, in dem du bereit zu sein hast.

Mag es ein Tag, eine Dekade oder auch eine Äone sein – verlasse deinen Körper mit einem

Vermächtnis des Mutes an alle, die dir folgen werden.

Wenn du an der Angst scheiterst, dann wirst du für immer von den Stimmen der Nacht verhöhnt werden; doch wenn du den Gipfel tapfer angehst, dann wirst du dich in einer fröhlichen Feier den Triumphierenden anschließen.

GLÜCK

*D*urch die Nähe des Todes wurde mein Geist erneuert und der Sturm in meinem Herzen legte sich. Nach der Erfahrung im Canyon wurde ein schmutziger Belag von meinen Augen gezogen, und meine Welt erstrahlte in neu gefundenem Glanz.

Wieder war es des Propheten Führung, welche die Tür meines Gefängnisses öffnete und mich in die Gefilde der Freude entließ.

Ich wurde nicht länger von den Ketten des Urteils niedergedrückt, denn seine Weisheit lehrte mich, wie ich auch die achten konnte, die mich verletzten.

Nun sah ich das Antlitz meiner beiden Selbst, dasjenige, von dem ich mir vorstellte, dass ich es war, und die Widerspiegelung dessen, der gerade geboren wurde.

Ich schenkte der geheimnisvollen Gegenwart des Propheten Beifall:

»Du befreitest mich von der Fessel des Nichtwissens, deshalb sehe ich heute klar, gehe aufrecht und lache mit der Sonne.

Meine Augen erwachen aus einem tiefen Schlaf, um das Paradies an diesem Tag zu erleben, der alle Tage umfasst.

Die Schlüssel zu diesem Königreich liegen in meiner Hand, doch sie sind schwer zu fassen, und ich fürchte, mein Fundament ist aus Ton gemacht.

Du, meine Seele, bist durch deine Geistnatur groß an Tugend; ich jedoch bin wankelmütig, woran meine blinde Triebkraft schuld ist. Zu oft verlasse ich die überströmende Quelle des Gegenwärtigen, um dem Ruf des Nektars zu folgen, den ich noch nicht gekostet habe. Und wenn ich meine Segnungen an einem Tag übersehe, so bin ich geneigt, dies auch am nächsten Tag zu tun.

Ich möchte dieser raschen Abfolge Einhalt gebieten, doch wenn auch mein Wille von den besten Absichten angetrieben wird, versuchen Dämme des Zweifels, die im dunklen Boden verborgen sind, meine Schritte zu behindern.

Oft stolpere ich über die Schwelle zwischen meinem erhabenen Streben und der Trägheit vergangener Muster.

Zeige mir, wie ich deine Lehren erkennen kann, damit ich stets meiner Glückseligkeit folgen kann.«

Der Prophet antwortete mit liebenswerter Geduld:

Glück, durch Gegenwärtigkeit erhellt, steht dem Dankbaren zu.

Entfalte deine Dankbarkeit in alle Richtungen und du wirst auf dem Weg zum Glück ein gutes Stück vorankommen.

Um die Früchte deiner Dankbarkeit zu genießen, solltest du alles willkommen heißen, das dir auf deinem Weg vom großzügigen Spender dargeboten wird.

Sollte die Sonne nicht mehr aufgehen, würdest du sehen, wie vernebelt dein Geist den Schätzen gegenüber ist, mit denen du täglich überschüttet wirst.

Zu oft werden des Lebens wertvollste Augenblicke nicht geschätzt, bis sie verloren gehen und nicht wiederkehren.

Und wenn es auch schwer auf dir lastet: Vergiss nicht, dass die Hälfte dessen, was gegeben wird, ein bitterer Trank zu deiner Stärkung ist. Und du könntest deine Belohnung auf keine geeignetere Weise erhalten.

Wegen der Zwiespältigkeit aller Dinge beglückt dich das eine durch seine Erscheinung und das andere durch die Lehren, die es dir anbietet.

Oft missgönnst du dir die unerwünschten Geschenke des Schattengottes; und stolz verschließt du dein Herz vor dem, was dir missfällt.

Wisse! Du kannst kein Glück finden, wenn derjenige, der du zu sein wünschst, weniger ist als der, den du in mir erkennst.

Und du kannst dich auch nicht an der Liebe freuen, wenn der, der du zu sein meinst, größer ist als der, den du im anderen wahrnimmst.

Verschlossene Tore und hohe Mauern verhindern dein Glück und lassen dich unbeachtet in der Welt ohne Jahreszeiten außerhalb der Mannigfaltigkeit des Lebens warten.

Auch Mitfühlende mögen darum beten, dass die Welt um ihrer Freude wegen besser wird.

Ich sage dies aus der Wahrhaftigkeit heraus; es wird daran keine wirkliche Änderung geben, außer im tiefsten Inneren des Betrachters.

Denn alles, was dir geschehen ist und noch geschehen wird, unterliegt deiner Sichtweise.

Alles ist dir gegeben außer einem großzügigen Herzen, das es annehmen könnte.

Es wartet auf deine Bereitschaft aus freien Stücken, welche die erhabenste deiner Gaben ist.

Bis du alles, was es gibt, dankbar umarmst, bleibst du halbfertig in den meisterlichen Händen des Schöpfers.

Das Angesicht des Lebens, von dem du annimmst, dass es anders ist, als es sich dir offenbart, ist das Merkmal deines unverwirklichten Selbst, welches allein das Herz hat, die unverlangten Geschenke zu schätzen.

Wenn du diesen Schlüssel findest und den geheimen Schatz, zu dem er den Zugang öffnet, dann sind alle anderen Reichtümer nur Tand.

Auch wenn du über die Belohnung, die deinen Wunsch erfüllt, erfreut bist, ist sie doch nur ein Trugbild im Vergleich zu der Schenkung, die deine Seele erfüllt.

Denn dann stürzen die Wände ein, die dein Inneres umgeben, und die Tore deines Herzens öffnen sich weit. Und die Last, die sich wie eine schwere Kette um deine Freiheit legte, verleiht jetzt deiner Freude Glaubwürdigkeit.

In ewiger Dankbarkeit, aus diesem einen vollkommenen Augenblick des Erwachens, scheint durch deine Gegenwart ein unaufhaltsames Licht auf die Welt.

Dem ist nichts hinzuzufügen.

Nun gib dich diesem großartigen Geschenk hin und genieße es.

LIEBE

*D*es Lobes voll rief ich aus:

»Du kommst aus einer unbekannten Welt und verwirrst mich mit deinem Glanz.

Ich schätze deine Gegenwart in mir; und in diesem glücklichen Augenblick erkenne ich, dass ich auch in dir bin.

Große Freude fließt wie ein Heilwasser über meine Vergangenheit. In deiner Gegenwart werde ich ganz bescheiden und erkenne mich nicht wieder, denn du verströmst einen Zauber, der mich mit magischer Kraft umgarnt.

Wenn ich deinem sanften Flüstern lausche, verstehe ich, weshalb die Vögel ihr Lied in der Morgendämmerung singen und warum die Bienen den süßen Nektar aus den Blumen sammeln, um sich ihr Heim zu schaffen.

Mein Herz sei deine Heimat, auf dass es stets voll Sehnsucht deine süße Musik singen möge. Und nun«, flehte ich, »sprich zu mir von der Liebe.«

Habe ich je von etwas anderem gesprochen?

Von der Liebe stammst du und zu ihr kehrst du zurück, wie ein Regentropfen, der in die unablässig aufgewühlte See fällt.

Die Samen des immerwährenden Traums der Liebe wurden in dich gepflanzt, als dein Traum geboren wurde.

Deshalb lassen deine Wurzeln einen Körper auf geheiligter Erde entstehen, damit dein kostbares Antlitz vom Morgentau geküsst werde;

damit deine begierigen Arme sich ausstrecken, um die goldenen Strahlen einzusammeln, die dein Herz wärmen und dein Lächeln erhellen;

damit du eines Tages so stark wie ein Baum dastehen wirst, beladen mit den Samen deines Liebens.

Wie der Regen und die Samen muss auch die Liebe wieder und wieder geboren werden, um frei zu sein.

Auch wenn ihr füreinander in Liebe existiert, so ist doch Freiheit das Wesen der Liebe.

Lass deshalb deine Liebe frei von Verpflichtung sein.

Erwarte nicht, dass ein anderer dein Bedürfnis erfüllt oder deiner Wahrheit folgt.

Auch du musst niemandem folgen; denn in dieser Überlegenheit entdeckst du der Liebe tiefere Wahrheit, der du ohne es zu wissen folgst.

Lasst jeden von euch sein Lied der Freiheit singen, denn das Herz verleiht seine Melodie nicht einem anderen.

Und vergiss nicht, dass einzig dein Herz sich an der Liebe erfreuen mag.

Gibt es etwas, was du von einem anderen der Liebe wegen forderst, dann stehst du mit deinem Haupt in den Wolken, die der Liebe Licht verdunkeln.

Oft hast du dich mit den ausgestreckten Händen des Zweifels und der Verleugnung selbst in den Schatten gestellt.

Die Leidenschaft der Liebe zu schmähen heißt, das tiefere Verlangen des Lebens nach sich selbst zu verneinen, weil in ihm der Keim stärkster Möglichkeiten an Liebe verborgen ist.

Oft nähert sich die Liebe mit dem zärtlichen Flüstern der Freundlichkeit.

Und hin und wieder, mit den blanken Händen der Wahrheit, bricht die Liebe durch das Alltägliche.

Ich möchte, dass du die Liebe als dein größeres Selbst erkennst und nicht bloß als die Antwort auf deine Bedürfnisse.

Denn die Liebe ist deine Seele und dein Bedürfnis.

Und wenn du dich selbst der Liebe anvertraust, erst dann erfüllst du ihren höchsten Anspruch.

Würdest du dich der Liebe hingeben, dann schenk all deine Tränen und all dein Lachen diesem Leben, dem du anvertraut bist.

Erweitere dein Dulden, um die Zärtlichkeit in allen Wesen zu umarmen, als wäre es deine eigene.

Leide frohen Mutes für einen losgelösten Augenblick der Gnade, auf dass du die Mauern, die das Heilige vom Irdischen trennen, überwindest und auch das Licht durchschreitest, das auf alle fällt, auf Dämonen und Heilige gleichermaßen.

Und wisse, dass du nur aus diesem Grund hier bist.

DIE RÜCKKEHR

*V*oller Verzücken lehnte ich mich gegen eine Mauer, um mich durch innere Einkehr wieder zu beruhigen.

»Dem großzügigen Geist, der mich segnet, bin ich für alle Zeiten dankbar.

Und ich wäre auch zufrieden, doch dieses Geheimnis, das sich hier entfaltet, macht mich noch unruhiger als die heftigen Erschütterungen, die meine Träume verwüsteten.

Was bewirkt diese Besessenheit, dass sie mich Stunden um Stunden mit mir selbst sprechen lässt?

Dieses Verlangen hat mich aus dem Elend emporkommen lassen und jeden Schritt meines Aufstiegs begleitet. Dieselbe Macht, die meine Träume erneuert, legt eine Quelle mir zu Füßen und schenkt meinem Herzen ein Lied.

Doch wer ist dieses Ich, das da singt?

Bin ich der Knecht eines erhabenen Schicksals, das ich erst noch völlig anerkennen muss? Bin ich der Prophet, der mit einem heiligen Auftrag aus der Vergangenheit zurückkehrt, oder bin ich ein listiger Fuchs, der ein Netz aus Illusionen auswirft?

Bin ich wirklich ein solcher Narr, der versucht, sich in den Schwanz zu beißen, und bei derartigen Trugbildern verrückt wird? Würde ich eine solche Aufgabe zurückweisen, wenn sie mir wirklich angeboten wird? Und ist es lediglich die Angst des Zweifels, die mich jetzt davor zurückhält?

In welchen Tiefen der Zufriedenheit kann ich mich ausruhen, wenn ich nicht die Antworten auf diese konfusen Fragen finde?«

In meiner Verwirrung reiste ich um den halben Erdball zu einem alten Kloster hoch in den Bergen des Libanon; dort hoffte ich, das Geheimnis dieser vergeistigten Gegenwart, die mit solcher Leidenschaft durch mich sprach, zu enthüllen.

Vom Mittelmeer kommend, windet sich am Rand eines tiefen Grabens ein Weg empor, der noch höher bis zum weit entfernten Dorf Becharré führt, das sich wie ein seltenes Juwel auf der Brust der Erde zwischen den Bergen befindet.

Am höchsten Punkt der Straße, eingepfercht zwischen steil aufgetürmten Granitfelsen auf der einen und abschüssigen Gräben auf der anderen Seite, liegt das Kloster, zwischen den Welten schwebend.

Als ich mich näherte, tauchten Steinmauern aus dem umgebenden Wald auf und führten mich zu einer unterirdischen Kapelle und dem Sarg von Khalil Gibran.

Es war Abend, als ich das Kloster erreichte, und man ließ mich allein, um zu meditieren.

Erschöpft von der langen Reise in dieses uralte Land, entspannte ich mich. Ich schloss die Augen und versank in innere Sphären.

In der Stille enthüllte sich mir eine wohlbekannte geistige Anwesenheit.

Ich konnte einen präzisen Zeitpunkt nicht benennen noch erinnern, doch meine Seele kannte dieses Kloster und ich konnte fühlen, dass ich hierher gehörte.

Hier war ich, ein vollkommen Fremder in einem unbekannten und weit entfernten Land, wieder zu Hause.

Meine Tränen flossen vor Freude und ich rief:

»O Nacht von Becharré, die Berge des Libanon schlafen in Stille.

Ich jedoch ruhe nicht.

Selbst hier, im Heim meines tieferen Selbst, möchte mein Geist, dass ich in Gedanken erwäge:

Weshalb bin ich hier? Welches Bedürfnis treibt mich aus der Stadt, durch das Tal, auf den Berg?

Unstillbar ist dieser Hunger; auch in der Fülle finde ich keinen Frieden.

Die Begeisterung meiner Jugend wuchs zu einem Rätsel an, das mir keine Ruhe lässt.

Ich habe gelebt und ich lernte, dem Lauf der Natur zu vertrauen, doch noch immer gibt es dieses Verlangen, das mich mit meinem Wanderstab den Teich aufwühlen lässt.

Mit endloser Geduld wartet meine Seele darauf, dass ich mich hingebe, doch ich möchte die Geheimnisse aufdecken und die Rätsel lösen.

Unsinn ist jedoch mein Forschen, denn mein suchender Geist macht sich daran, die Oberfläche aufzurühren, und verlängert so sein Streben, während meine Tiefe in Stille lächelt.

Wenn ich suchen muss, lass meine Suche damit beginnen, dass ich mich dem vollkommenen Frieden hierin hingebe, denn ist der Friede nicht der wertvollste Schatz und alles andere ein Nichts ohne seinen Segen?

Um mit meiner Seele eins zu sein, muss ich Geduld haben und mich von meiner Last befreien.

Lass mich meinen Stab beiseitelegen und mich an diesem Teich lange genug verweilen, damit ich hier verweilen kann.

Vielleicht werde ich dann mein wahres Selbst treffen, wenn es aus den Tiefen steigt.«

Ich verließ das Kloster und ging in der Dunkelheit der Mitternacht in meine Herberge. Meine Augen waren schwer und meine Sinne trüb, als ich meinen Körper zur Ruhe bettete.

Eine Vision keimte in mir auf, verband sich mit den Wünschen meiner nächtlichen Seele, und ich befahl meinen Geist seinem Ursprung.

ERWACHEN

*F*riedlich schlief ich bis zur Dämmerung, als ein verlockender Duft den Raum erfüllte.

Die dünne Bergluft wurde durch die Gegenwart der Liebe schwer, und eine frische Spur des Geistes kam mit dem Wind.

Im Nu öffnete ich die Augen und nahm einen herrlichen Sonnenaufgang wahr, der von den gegenüberliegenden Bergen widergespiegelt wurde.

Der Vorhang wehte leicht, als der Geist des Propheten durch das geöffnete Fenster eintrat und sich am Fußende meines Bettes niederließ.

Und mit der gewohnten Melodie in der Stimme sprach er:

Bevor der Tagesanbruch den Dunst der Nacht vertreibt und der schwere Nebel sich hinter deinen geschlossenen Augen hebt;

bevor die Fantasie den inneren Bezirk verlässt, um ihren Glanz auf das Außen zu werfen,

lass dein Erwachen darin beginnen.

Sondere die Dornen des Zweifels aus, die dich mit den zarten Sprossen der Liebe umranken.

Es gibt keinen Grund zur Verzweiflung. Für jedes Problem stehen dir unzählige Lösungen zur Verfügung.

Alles, was es gibt, erwartet deine Aufmerksamkeit.

Und all das, was du sein kannst, verweilt bis zu deinem Erwachen.

Du lebst in einem Traum, der jeden Augenblick aus dem offenen Raum in dir geboren wird.

Deine Gedanken schaffen Wunder aus dem Nichts.

Lass dies dein Erwachen sein.

Du bist die Instanz, die alles, was zählt, hervorruft. Nur du gewährleistest Sinn, Schönheit und Liebe.

Und wer verdient mehr oder weniger deine Liebe? Stammen nicht alle Farben des Regenbogens aus derselben unsichtbaren Quelle? Durch die Augen der Liebe betrachtet ist alles ein großer Wandteppich, ein Gewebe aus den Garnen der Schönheit.

Wache nun auf! Ich bin hier bei dir.

Gemeinsam werden wir dem Spiegel deiner Seele Glanz verleihen, damit du spürst, wie ich mit Zuneigung auf dich blicke.

Du bist nun bereit, das Licht deines Bewusstseins einzuschalten. Dein Geist ist begierig nach höheren Visionen, und dein Herz verlangt danach, sich tieferer Liebe hinzugeben.

Nun achte darauf, wie ich dich in mein Ebenbild verwandle.

Meine Augen öffneten sich nach einem Schlummer, der tiefer als Schlaf war.

Ich kroch unter dem, was meine Psyche bedeckt hatte, hervor. Ein Kuss der unverhüllten Wahrheit berührte meine tiefste Wunde mit süßester Befriedigung, und in einem Ausbruch von Tränen und Gelächter erwachten meine Sinne zu einer transpersonalen Bewusstheit.

Als ich lange und tief durch diese erleuchteten Augen gestarrt hatte, kam meine eigene Tiefe aus der Stille meines Staunens zum Vorschein.

Mein Verständnis für das getrennte Selbst löste sich in reinen Geist auf, während mein Körper wie ein Eisberg verging, der auf dem unendlichen Ozean unserer Seelenwärme dahinschmilzt.

Mühelos im strahlenden Abgrund des Einsseins gehalten, wurde ich Zeuge, wie all die Reste der zerstörten Leben Geistern gleich zwischen den Spiegeln des Lebens und des Todes vorbeizogen, bis all unsere bruchstückhaften Augenblicke in einem einzigen murmelnden Gebet zusammenströmten.

Ich vermag kaum von unseren geistigen Quellen zu sprechen, denn all das Licht unserer Seele ist nur ein Schatten auf ihrem Gesicht. Und doch kommen wir von dort und kehren stets erneuert und untrennbar wie Tag und Nacht dorthin zurück.

Von einem Geheimnis zu einem Geheimnis in einem Geheimnis haucht unser flüsternder Geist unserer Seele Leben ein, und wie ein Chor unzähliger Stimmen, in immerwährende Gegenwart gehüllt, werden wir wieder und wieder geboren als das reine Wunder von allem.

ERINNERUNG

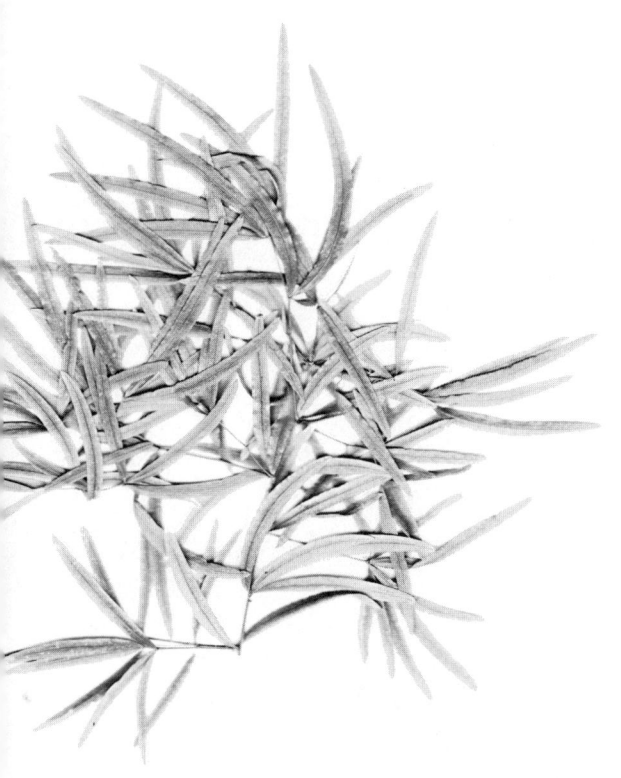

*D*ie Vögel des Morgens feierten mein Erwachen, als ich mein Zimmer verließ, um das kleine Dorf Becharré zu erkunden.

Während ich durch die stillen Straßen schlenderte, besuchte mich eine leise Erinnerung wie jemand, der vorübergeht und dabei in mein geöffnetes Fenster blickt.

Als ich zum Dorfplatz kam, hatte ich ein Déjà-vu-Erlebnis. Ich sah Kinder aus vergangenen Zeiten dort spielen.

Eine sanfte Hand legte sich mit verblüffender Vertrautheit auf meine Schulter.

Ich drehte mich um und blickte in alle Richtungen; ein erregender Schauer erfasste mich, der sich noch steigerte, als ich von irgendwoher das Echo der Stimme meines Bruders vernahm.

»Willkommen zu Hause, Hajjar.«

Ich lauschte, meine Sinne richteten sich überallhin aus und warteten darauf, dass die Wahrheit ihr Antlitz zeigte.

Flüchtige Empfindungen fügten sich wie Teile eines Puzzles zusammen, kurze Impressionen eines Bildes, das längst vergessen schien.

Von der Ballung der Zeit verwirrt, allein unter Fremden in diesem mir kaum bekannten Dorf, hastete ich die Straßen hinauf, um von oben einen besseren Überblick zu gewinnen.

Da stand ich und blickte über das kleine Dorf mit seiner turmbewehrten Kathedrale und den durcheinandergewürfelten Häusern, die sich entlang der Wanderpfade bis hoch hinauf in den Bergwald erstreckten. Während ich über den Ausblick, der bis zum Mittelmeer reichte, staunte, streichelten unbestimmte Gefühle meine Sinne.

Ich spürte die Anwesenheit meiner Mutter, die Erde und Himmel umarmte, und ich roch den Duft von Zimt und Pfefferminze, was die Erinnerung an ihre Kochkunst in mir hervorrief. Und in meinem Herzen vernahm ich ihre Stimme:

»Willkommen zu Hause, mein Kind.«

Ein Mann, der mir von der unten gelegenen Straße grüßend zuwinkte, riss mich aus meiner Trance. Ich folgte ihm zu einem Kühlhaus, in das er mich eingeladen hatte, um darin Äpfel und Birnen aus den nahen Obstgärten zu versuchen.

Ich starrte auf einen der Äpfel wie auf eine Kugel aus Kristall und sah mit einem Mal ein von Kerzenlicht erhelltes Zimmer aus meiner vergessenen Kindheit.

Ich fühlte meines Bruders Geist, meiner Mutter Liebe und meines Vaters Stolz.

Der erste Biss brachte einen Schwall von Süße in meinen Mund, und die frische Saftigkeit war die Antwort auf einen lebenslangen Hunger nach diesem vergessenen Erlebnis.

Der Mann befragte mich über Amerika, denn es war sein sehnlichster Wunsch, einem solch sagenhaften Land der Freiheit anzugehören. Ich antwortete ihm:

»Mein Freund, du und ich stammen aus derselben Erde.

Unser Verlangen nach Freiheit möchte uns zu unseren Traumbildern forttragen; doch unsere Wurzeln, die uns an die Erde binden, bringen Früchte hervor, die viel süßer sind als jeder Traum.

Du bist ein Mensch, der in diesem heiligen Boden wurzelt.

Beim Ertrag deiner Mühe gibst du von dir selbst.

Ich bin ein Sucher der Stille, der die Geheimnisse unserer Seele erforscht.

Ans Licht gebracht hat meine Arbeit viel liebende Achtung für dich.

Auch wenn dein Leben schlicht erscheint und weit von den Träumen entfernt ist, die sich in der Einsamkeit deines Herzens regen, so ist es deine stille Stärke, die wie der Geist in diesen Bergen den Himmel stützt, wo all unsere Träume nichts sind als vorbeiziehende Wolken.«

Ich verabschiedete mich von dem Mann und wurde unaufhaltsam zur Kathedrale gezogen.

Meine Füße, die mehr wussten, als mein Geist zu ergründen vermochte, trugen mich über alte Stufen zu einem offenen Bogengang.

Als ich an der Schwelle zur Kathedrale stand, fiel ich durch die Korridore der Zeit. Dicker Rauch, der von glühendem Weihrauch stammte, verdichtete sich wirbelnd zu Trugbildern aus einem anderen Zeitalter. Die Gesänge vergangener Epochen hallten im Klopfen meines rasenden Herzens wider.

Wie es auch mein Vater gemacht hätte, griff ich nach der Lehne einer hölzernen Kirchenbank, um mich zur Meditation niederzulassen.

Aus einem ursprünglichen Verlangen heraus erkannte ich zum ersten Mal, dass mein Leben ein wiederkehrender Traum war, der den uranfänglichen Kampf zwischen Furcht und Liebe erneuerte.

Plötzlich, als wäre ich vorher blind gewesen, berührte Licht meine Augen, und ganz kurz sah ich mich selbst zwischen meinem Vater und meiner Muter auf dieser Bank sitzen. Ich erinnerte mich der Figuren auf dem bunten Kirchenfensterglas, welche die Geschichte der Verfolgung Christi erzählten. Ich entsann mich der goldenen Teller auf dem marmornen Altar und der vielen Kerzen, die wie Tränen tropften, um unsere Gebete an den Himmel freizugeben.

Mitten im Chaos verwirrender Erinnerungen erfüllte ein durchdringendes Licht die Kathedrale, und meine Vision trug mich durch das Dach zu einer geliebten teuren Erinnerung. Im Geist sah ich einen Felsendom an den Steilhängen einer Bergwiese, wo ein plätschernder Bach meinem zitternden Herzen sein Willkommenslied sang.

Meine Augen öffneten sich weit, als ich mich plötzlich mit dem vergessenen Lieblingsplatz meiner frühen Kindheit konfrontiert sah.

Ruhig, aber rasch verließ ich die Kathedrale und folgte meinem Instinkt, der mich zu einem geheimen Heiligtum führte, irgendwo im umliegenden Gebirge verborgen.

Der Zweig einer Zypresse, vom Wind wie eine Hand bewegt, winkte mir zu. Eine undeutlich wahrzunehmende Gestalt verschwand im Schatten des Waldes, und ich folgte ihr. Alles an diesem verzauberten Ort erzitterte wie die Saiten eines Cellos unter dem Bogen eines Meisters.

An diesem späten Nachmittag trug mich die Zeit mit himmlischer Anmut über die Felsen und Schluchten, und jeder Schritt erwies sich als ein Gebet für das, was folgen sollte. Der Vorfreude wegen beschleunigte ich den Anstieg und kletterte hoch hinauf zu einer Bergwiese, die inmitten majestätischer schneebedeckter Gipfel lag.

Ich lief bis ans Ende der Wiese, hin zum Rauschen des Wassers, das über Steinwände fiel, wie eine Rauchsäule aufwärts wirbelte und in schillernden Regenbogenfarben verdampfte.

Im schimmernden Sonnenglanz schritt ich über eine Schwelle zwischen den Welten.

Die Elemente riefen scharfsinnige Bereiche des Bewusstseins in meinem Geist hervor. Hinter der Fassade der Wirklichkeit verkündete ein Chor aus Stimmen und Trompetenklängen meine Rückkehr zu diesem Heiligtum der Schönheit.

Geistwesen, in fließendes Licht gekleidet, tanzten um mich herum wie Blätter in der zärtlichen Umarmung eines Wirbelwinds. Diese Quelle der Inspiration war über die Zeitspanne eines Lebens verhüllt gewesen.

Als ich den Tempel der Natur mit ausgestreckten Armen betrat, sank ich mit schwachen Knien zu Boden, um in Demut diesen ehrenvollen Segen entgegenzunehmen.

Die Sonnenstrahlen brachen sich im Wasserfall und schufen eine Verbindung mit den Lichtblitzen meiner Erinnerung. Wolken des Vergessens platzten mit donnerndem Gebrüll aus der Tiefe meines Leibes. Und Erinnerung um Erinnerung an mein vergangenes Leben rann meiner dürstenden Seele wie Regen zu. Vom Einfluss dieser Offenbarung des Lebens jenseits des Todes berauscht, flüchteten in diesem Augenblick meine Gefühle, um sich mit den verborgenen Momenten eines längst vergangenen Zeitalters zu vereinen.

Während der Wiedervereinigung an dieser heiligen Stätte füllten sich meine Augen mit Tränen der Freude, und außer mir rief ich:

»O schönes Heim meiner tiefsten Liebe!

So lange schwebtest du im schweigsamen Raum zwischen meinen Träumen.

Nun stehe ich hier als einer, der zum Gipfel seines Ruhmes aufsteigt und doch im Lichte seiner verborgenen Vergangenheit taumelt.

Wenn du möchtest, befreie meine Sinne, damit ich all die geheimen Dinge sehen und hören kann.«

Dann, in der Stille zwischen zwei Herzschlägen, wurde ich zwischen Welten gehoben, die vom Lauf der Zeit verschont geblieben waren. Ich segelte über das Firmament durch unermessliche Bereiche des Lichts, die eine wellige Seelandschaft von unbeflecktem Glanz darstellten.

Ich sah die Ewigkeit, wie sie sich den ungeahnten Möglichkeiten offenbarte, die auf den Augenblick ihrer Verwirklichung warten.

In der Entfernung bildeten die verstreuten Elemente der Schöpfung erneut ein deutliches Bild des Propheten, das im Dunst des Wasserfalls schimmerte. Und als ob eine Kraft in seiner Wesenheit meinen Willen lenkte, wurde ich gezwungen, aufzustehen und ihm entgegenzugehen.

Als ich in kurzer Entfernung vor ihm stand, sprach er:

Ich rief dich hierher, zu diesem Haus deiner Erinnerung.

Lange dauerte das Zwischenspiel der Abwesenheit von deinem Heimatland; doch siehe, du stehst leibhaftig vor mir, und ich bin überglücklich, dass du meinem Wink folgtest.

Während der Zeit zwischen Tod und Leben lag deine Gestalt still und ohne Beachtung der Jahreszeiten an der Brust der Erde, während dein Geist in den Himmeln wohnte. Du blicktest aus den Fenstern der Sternbilder herab und neidetest den Menschen ihre süßen Vergnügungen und ihre tödlichen Schmerzen.

Du warst ein Singvogel, eingesperrt in der Stille, und die Nächte hindurch sehntest du dich danach, tagsüber deine Liebeslieder zu singen.

So war dein Verlangen aus dem Staub der Erde bereitet, um erneut die Sonne zu erblicken.

Deine Wurzeln ragen tief in die Erde, die dich gebar. Und du steigst hoch empor in die grenzenlosen Reiche, wo die Weisheit wie Regen in die Gedanken strömt.

Die Samen deiner Vergangenheit sind zum Blühen gebracht.

Die Frucht der Zeiten ist zu perlendem Wein der Seele gegoren, die Geduld begeht ihr Erntefest.

Lass uns diesen Tag feiern.

Ich fragte: »Wie kommt es, dass du mich besser kennst als ich mich selbst?«

Und der Prophet antwortete, indem er Folgendes sprach:

Du und ich sind eins im Geiste.

Wir wurden zusammen geboren; doch durch die Geburt wurdest du in das Vergessen gelegt, und es ist mein Wille, dass du dich erinnerst.

Ich kam und starb als dein Bruder, um dich nach Hause zu holen.

So nutze ich deine Schwäche, um deine Stärke wachzurufen.

Ich werfe dich in die Dunkelheit, damit du nach deinem Licht suchen kommst.

Ich bewege mich in dir, dränge dich, das immer Höhere zu erreichen, damit du dich meiner erinnerst.

Du fühlst meinen Puls in deinem Herzen, ansonsten würdest du jetzt nicht hier vor mir stehen.

Ich bin stets bereit, deinen Hunger mit Liebe zu stillen und deinen Durst mit Weisheit zu löschen.

Und wenn dies nicht der Tag der Erfüllung deiner Bedürfnisse ist, dann bleibt er doch ein Versprechen.

Sollte etwas unerwähnt geblieben sein, dann werden wir morgen erneut miteinander sprechen, und du wirst von meiner Quelle trinken, bis dein Herz zufrieden ist.

Wenn du schläfst, flüstere ich dir vergessene Geheimnisse zu; und da die Spur meiner Gene in deinen Adern fließt, wirst du dich erinnern.

Du kennst nun den Kosmos in deiner Stille; und wenn du deine Lippen auftust, dringt von der Macht, welche die Himmel bewegt, die Stimme des Lebens hervor.

Und für immerdar wirst du deinen Weg gehen mit meiner Flamme, die in deiner Brust brennt.

Auch wenn deine Bedürfnisse sich mit den Jahreszeiten ändern, bleibt meine Liebe doch gleich als Antwort auf dein Grundbedürfnis. In die Freiheit deines Herzens aber musst du unbekleidet schreiten.

Komm nun näher, binde dich selbst mit einem Lächeln los, und gib dich der großen Stille hin, in der wir gemeinsam eins sind.

Ich entledigte mich meiner Kleider und ging durch eine pulsierende Nebelwolke in einen fließenden Vorhang, der sich über mich legte.

Inmitten ohrenbetäubenden Getöses der anprallenden Sintflut war alles, was ich hören konnte, die tonlose Stimme des Geistes, der die Liebesbotschaft der Menschlichkeit sang:

Vergiss nicht, dass du immer mit mir bist, ein unbegrenzter Tropfen in der grenzenlosen See.

Meine Quelle kennt kein Ende und meine Gnade keine Grenze.

Wenn du in Schlummer fällst, halte ich dich in stiller Gelassenheit fest.

Und wenn du aufwachst, geschieht dies in meiner Gegenwart, in der du lebst.

Ich bin in deinem Herzen und du in meinem.

Du bist mein Traum und ich bin dein Erwachen.

Durch dich bin ich in Schönheit gekleidet.

Durch mich bist du jenseits dessen, was möglich ist.

Und nun war es spät am Abend geworden.

Augenblick um Augenblick verging, während die Erde ihren Rücken der Sonne zuwandte.

Erneut sammelte der Tag ihre Strahlen ein, um die Nacht willkommen zu heißen.

Als vertraute Schatten der Dunkelheit mich einhüllten, lächelte ich.

Ich wusste, dass alles heilig ist und …

ohne Ende.

ANMERKUNG

Ich nenne Khalil Gibran meinen »Großonkel« und nutze dieses Wort wie einen Kosenamen, da es mir an einem besseren mangelt, das unser verwandtschaftliches Verhältnis bezeichnen könnte.

Ich traf mit Wahib Keyrouz zusammen, dem Kurator des Khalil Gibran Museums in Becharré (Libanon), um den gibranschen Stammbaum zu studieren und meine Verwandtschaft mit Khalil zu klären. Die Berichte gehen über viele Generationen auf fünf Gibran-Brüder zurück, von denen ein jeder einen weitreichenden Familienzweig gründete.

Khalil und ich sind jeweils ein Blatt auf verschiedenen Zweigen desselben Stammbaums.

DANKSAGUNG

Das Schreiben hat mich dem großen Geheimnis nähergebracht. Durch träumerische Synchronizitäten stiegen vergangene Ahnungen aus dem Schoß des Nichts in die poetische Magie dieser Seiten, und ich bin ein staunender Zeuge dieses Vorgangs.

Mein tiefster Dank gilt dem alles zur Verfügung stellenden Geist, der es mir ermöglicht hat, in diesem magischen Reich zu spielen.

Große Wertschätzung bringe ich den vielen Menschen entgegen, die mir dabei halfen, dieses Buch Wirklichkeit werden zu lassen:

Lumyai Bonmai, Dorie Cofer, Dik Darnell, Armand Altmann, Gladys Haggar, Michelle Hansen, Maja Kasdan, Robert Zenk, Ian Baker, Job Smulders, Irene Hage, Maja Thuna, Gila Kuhlmann, John Chatteris, Laura Moorehead, Bharat Rochlin, Shayla Spencer, Arjuna Noore, Zoscia, Jim Channon, Ann Ekeberg, John Schreiner, Dave Dawson, Simon Brundsdon, Nathon Crystal, Laura Eliseo, Neil Beechwood, Tony Krantz, Joel Haggar, Jonah Ross, Ariana Satayathum, Natalia Hojny, Elizabeth Rygard und Arvid Schwenk.

Auch meine Agenten Greg Dinkin, Frank Scatoni und Whitney Lee seien bedankt ebenso wie meine Lektoren Lindsay Brown, Henry Covey, Julie Steigerwaldt and Ali McCart.

Und allen Mitarbeitern des Verlags Beyond Words und des Hauses Simon & Schuster, vor allem meinen Verlegern Cynthia Black und Richard Cohn. Euch allen sei gedankt, dass ein jeder seinen Teil dazu beigetragen hat, dass dieser Traum wahr wurde.

NACHWORT
UND
BIOGRAFISCHE NOTIZ

Ich lehre euch nicht das Geben, sondern das Empfangen; nicht die Verweigerung, sondern die Erfüllung; und nicht den Gewinn, sondern das Verstehen mit einem Lächeln auf den Lippen. Ich lehre euch nicht die Stille, sondern ein sanftes Lied. Ich lehre euch euer größeres Selbst, das alle Menschen in sich tragen.

Diese Worte Khalil Gibrans, die er in seinem Buch »Im Garten des Propheten« seiner als Prophet berühmt gewordenen Gestalt Almustafa in den Mund legt, könnten als die Quintessenz der Weltauffassung des libanesischen Dichters gelten.

Sein Großneffe Hajjar, der Autor des vorliegenden Buches, ist sich dieser Tradition bewusst. Und es gelingt ihm das nahezu Unglaubliche: Er lässt seinen Großonkel wieder auferstehen – der Prophet kehrt zurück. Wie in der Einführung geschildert, ereilt Hajjar ein Schicksalsschlag, von dem er sich jahrelang nicht erholt, nicht erholen kann; zu schockierend ist für ihn der Tod seines Bruders, an dem er vielleicht sogar eine gewisse Mitschuld zu haben meint. Alle Ablenkungsversuche, alle Therapien versagen, bis ihm plötzlich der Prophet begegnet.

Dieser spricht mit ihm, als wäre es Almustafa, der die ihm geoffenbarten Weisheiten weitergibt. Und tatsächlich hat der Leser den Eindruck, er würde die Fortsetzung der beiden weltberühmten Prophetenbücher (»Der Prophet«, »Der Garten des Propheten«) lesen. Das liegt zum einen an der Sprachkunst des Autors, der den Propheten in den Passagen, in denen dieser auftritt, nicht etwa imitiert, sondern dem Leser das Gefühl vermittelt, er wäre Teil des unmittelbaren Geschehens; dadurch wird aber auch die Seelenqual des Autors transparent und man fühlt mit ihm.

Wie schon Khalil Gibran selbst, so sprengt auch Hajjar Gibran die Grenzen der Philosophie durch die Mystik und die biblische Sprache. Dass dies einen tieferen Grund hat, wird verständlich, wenn man sich vergegenwärtigt, dass Khalil Gibran auf die Frage, wer denn am ehesten seinem Propheten gleichkäme, antwortete: Jesus, Menschensohn (und so lautet auch der Titel eines seiner wichtigsten Bücher).

Gibrans Anliegen, den Menschen aus seiner selbstverschuldeten Unmündigkeit herauszuführen, gleicht jener sokratischen Hebammenkunst, mit der Platon seinen Hauptprotagonisten versah, um sich den tiefsten Fragen des Daseins anzunähern und um aus dem reflexiven Beleuchten aller Aspekte eine Klärung des Gesamtkomplexes »Leben« zu bewirken. Bei Platon geschieht das Vordringen zur Wahrheit oft auf formalistisch-logischem Weg, bei Gibran eher durch die Öffnung des »Gefühls«, das durch den Klang des geschriebenen Wortes nicht selten in eine überhöhte Stimmung versetzt wird.

Dieses Kunststück gelingt auch Hajjar Gibran. Wenn der Prophet spricht, so ist das Dichtung im reinsten Sinne, und Dichtung ist in allererster Linie Musik. Die Musik vermag es, die Seele des Menschen in Schwingungen zu versetzen, die mit dem Verstand nicht mehr fassbar sind. Wenn der Philosoph Martin Heidegger in seinen »Holzwegen« schreibt: *Dichter sein in dürftiger Zeit heißt singend auf die Spur der entflohenen Götter zu achten. Darum sagt der Dichter zur Zeit der Weltnacht das Heilige …,* so heißt dies, auf Gibran übertragen, dass sein Wort, seine Dichtkunst, sein Gesang das Heilige, also das Unsichtbare hinter dem Sichtbaren, auszusprechen vermag.

Hierin liegt meiner Ansicht nach auch der Grund, weshalb Gibran vor allem auf Jugendliche eine solche Faszination ausübt – nicht nur weltweit, sondern auch in jeder Generation erneut.

Khalil Gibran wurde am 6. Januar 1883 in Becharré im Quadischa-Tal (»Heiliges Tal«) geboren. Zusammen mit seiner Mutter Kamileh, welche die Tochter eines maronitischen Priesters war, und seinen Geschwistern zog er im Alter von elf Jahren nach Boston; der Vater blieb im Libanon, der zu jener Zeit türkische Provinz war und ab 1861 einem maronitischen Gouverneur unterstand. 1897 kehrt Gibran in seine Heimat zurück, um seine Studien in Kunst, Französisch und Arabisch zu vervollständigen.

Nachdem im gleichen Jahr (1903) sowohl seine Mutter als auch seine jüngere Schwester und sein Halbbruder sterben, lebt er in Boston mit seiner Schwester Miriana zusammen und beginnt im Alter von 19 Jahren, seine ersten künstlerischen Arbeiten als Maler auszustellen. Anfangserfolge stellen sich ein und ab 1908 studiert er in Paris an der Académie Julian und an der École des Beaux-Arts Kunst, wobei er auch den großen Bildhauer Auguste Rodin kennenlernt, den er meisterlich porträtiert.

Aber auch mit anderen europäischen Größen bzw. deren Werk kommt er in Berührung. Maurice Maeterlinck, Friedrich Nietzsche, C. G. Jung, William Blake ergänzen das, was er an Universellem in der indischen Philosophie und Theosophie, wie sie durch Annie Besant und Krishnamurti vertreten werden, findet.

Sein erstes Buch in arabischer Sprache, »Die Musik«, veröffentlicht er 1905. Es folgen neun Werke in arabischer und sieben in englischer Sprache verfasste Bücher sowie zahllose Artikel in beiden Sprachen und ein gewaltiges Œuvre an Zeichnungen und Gemälden.

Gibran ist zudem Gründungspräsident der literarischen Vereinigung »Arrabitah« (»Verband der Feder«), die sich hauptsächlich arabischer Exilschriftsteller annimmt.

Gleichermaßen mit östlichem und westlichem Gedankengut ausgestattet, ist Gibran mittlerweile zu einer kosmopolitischen Gestalt herangereift, die nicht nur die eigene künstlerische Laufbahn vorantreibt, sondern auch um die Verantwortung desjenigen weiß, der im öffentlichen Leben steht. So plant er zusammen mit zwei Freunden ein Opernhaus für Beirut, dessen Kennzeichen zwei Kuppeln sein sollen – Symbol der Versöhnung zwischen Islam und Christentum, jener beiden Weltreligionen, die im Libanon neben-, aber nicht miteinander existierten und existieren.

1923, Gibran ist jetzt 40 Jahre alt, erscheint in New York sein Buch »Der Prophet«, jenes »merkwürdige kleine Buch«, wie er es selbst nennt und das seinen Weltruhm begründet.

Bis heute ist dieses Werk in 40 Sprachen übersetzt worden (auch ins Chinesische) und hat Millionen von Lesern begeistert. Diese mythopoetische »Einstiegsdroge« in das Gesamtschaffen Gibrans gehört, wie z. B. auch Antoine des Saint-Exupérys »Der kleine Prinz«, Chao-Hsiu Chens »Der Meister« oder auch Paulo Coelhos »Der Alchemist«, zu der geringen Anzahl jener spirituellen Bücher, die zeitlos sind und wie Kostbarkeiten des Geistes vorsichtig weitergereicht werden müssen.

Es sind aber nicht allein die philosophischen Betrachtungen über Leben, Liebe und Tod, die den frühen wie den späten Gibran auszeichnen. Es ist in vielen seiner Schriften auch die von ihm gewählte Form der Parabel, durch die er – seiner alten aramäischen Tradition folgend – den Leser zu den Geheimnissen des Lebens führt, sodass dieser ein spirituelles Erwachen erfährt, wenn er sich auf die Texte einlässt.

Auf der anderen Seite stellen viele dieser Parabeln scharfe Attacken gegen soziale, religiöse und politische Missstände dar; ihre Wirkung war zu Gibrans Zeit so groß, dass sich manche der führenden Gestalten des Nahen Ostens veranlasst sahen, auf den entsprechenden Gebieten Reformen zu verfügen und zu verwirklichen. »Das Wort ist schärfer als das Schwert«, sagt ein altes chinesisches Sprichwort.

Am 12. April 1931 stirbt Khalil Gibran an Leberzirrhose im New Yorker St.-Vincent-Krankenhaus. Zwei Tage lang ist er öffentlich aufgebahrt, bevor er zum Trauergottesdienst nach Boston überführt wird. Am 21. August kommt sein Leichnam in Beirut an. Die Bestattung in der Nähe seines Geburtsortes Becharré, im Kloster Mar Sakis, muss ein unbeschreiblich eindrucksvolles Ereignis gewesen sein. Hunderte von Priestern und religiösen Führern sollen, so wird berichtet, den Toten in einer endlosen Prozession begleitet haben.

Maroniten, Katholiken, Schiiten, Juden, Protestanten, Moslems, Griechisch-Orthodoxe, Sunniten, Drusen und Vertreter anderer Bekenntnisse verneigten sich vor einem Dichter, dessen höchstes Ziel es war, Gerechtigkeit zu schaffen, Gegensätze zu überwinden, Menschen zusammenzuführen und sie ihr größeres Selbst finden zu lehren. Sein Sterben hat dieses Ziel – zumindest für einen Tag – Wirklichkeit werden lassen. Der Prophet war heimgekehrt in die allumfassende Einheit alles Seienden.

Es ist die unumstößliche Botschaft des Friedens und der Hoffnung, die Khalil Gibran so bedeutend sein lässt. Es sind sein Wille zum Guten, sein Blick in die Tiefe, sein Kampf für Gerechtigkeit, die es rechtfertigen, dass er nach wie vor verehrt wird als einer derer, die es schafften, persönliches Leben und Botschaft zu vereinen. In seinem Testament findet sich folgender Satz:

Diese Grabschrift möchte ich auf meinem Grabmal geschrieben haben:

»Ich bin lebendig wie du und stehe jetzt neben dir. Schließe die Augen, und drehe dich um! Du wirst mich dann vor dir sehen.«

Nicht nur seinem Großneffen Hajjar erging es so – der Prophet war tatsächlich zurückgekehrt.

Hans Christian Meiser